Gianluca Di Marzio

Almanacco 2021/2022
del
Grand Hotel Calciomercato

CAIRO

ISBN 978-88-309-0190-2
Prima edizione: novembre 2021

Sommario

ALMANACCO 2021/2022
del GRAND HOTEL CALCIOMERCATO

A mamma Tucci e papà Gianni,
dolci custodi di un amore senza tempo.

Prefazione

È già pazzo di suo, ma questa volta si supera. Diventando schizofrenico, folle, quasi fantascientifico. Il calciomercato 2021 passerà alla storia come unico, e non solo perché cambiano squadra Messi e Ronaldo in un colpo solo, roba da non credere. Tutto in pochi giorni, come in un film di spionaggio.

CR7 fa prevalere i suoi capricci e si impunta per andarsene, flirtando persino con Barça e City prima di tornare nel suo United.

L'argentino invece lascia la Catalunya in lacrime perché i debiti hanno soffocato il club che l'ha cresciuto e non riesce a tesserarlo, abbracciando all'improvviso la società più ricca al mondo, quella che paga pure in bitcoin. Lo stesso Psg capace di riunire sotto la stessa maglia i due nemici di Spagna, capitani e rivali per una vita: Sergio Ramos che protegge l'immarcabile Leo e non lo prende invece a calcioni per fermarlo è roba da Football Manager, un sacrilegio ripensando a tutti quei Real-Barça da avversari con la bava alla bocca.

Un affronto dopo l'altro si susseguono nell'estate che manda in frantumi ogni principio vigente in tema di trattative. Solo uno sceicco come Al Thani, l'emiro del Qatar, può infatti permettersi di rifiutare centosettanta milioni più dieci di bonus per un giocatore in scadenza, che può perdere a zero da febbraio. Anche se si chiama Mbappé, nessuno è mai arrivato a tanto. La sfida europea a chi dimostra di essere il più forte va in scena mentre in Italia la crisi economica post Covid costringe l'Inter campione d'Italia a salutare l'allenatore dello Scudetto (pagandogli anche la buonuscita), sacrificando addirittura i due giocatori più forti, Hakimi e Lukaku.

I conti non tornano, per tutti: la Juve sostituisce Ronaldo con Kean e stop, i quattrocento milioni di aumento capitale servono per ripianare le perdite e non bastano nemmeno a prendere Donnarumma senza pagarne il cartellino.

In serie A, si naviga a vista e l'indice negativo di liquidità impedisce a molti club, anche blasonati come la Lazio, di tesserare per settimane intere giocatori bloccati da tempo. Il bilancio regna sovrano, così il Napoli prende uno svincolato in difesa e un solo centrocampista l'ultimo giorno in prestito, mentre le piccole girano con la calcolatrice in mano per capire cosa poter fare e con quale stratagemma riuscirci.

Ecco perché il mercato più movimentato diventa quello delle panchine, allenatori che vanno e vengono, lasciano anche dopo aver firmato il contratto (Gattuso e Italiano), tornano dopo lunga pausa (Allegri, Spalletti e Sarri), si ricordano di quanto sia affascinante vivere e vincere da noi. Il 2021 sarà infatti ricordato come l'anno del ritorno in Italia di Mourinho, sedotto dalla Roma: lo Special One che ha sfiorato Messi al Chelsea e guidato CR7 a Madrid sceglie l'Italia quando tutti la snobbano. E affronterà a San Siro, nel derby personale contro il Milan, l'ex illustre sconosciuto Messias: quando Mou se ne andava dall'Inter perché stuzzicato dal Real, il brasiliano sbarcava nel nostro Paese per fare il fattorino. Undici anni dopo, si ritroveranno nello stesso stadio, uno contro l'altro: José e Junior, quando i poli opposti si attraggono, trascinati dalla passione per un pallone.

Ma andiamo con ordine, riavvolgiamo il nastro e torniamo all'inizio di un anno da raccontare. Viste le premesse, potrebbe essere il primo di una lunga serie: un ritrovo a fine calciomercato, per ricordarsi e collezionare aneddoti e retroscena, svelando segreti e misteri, come vecchi compagni di scuola. Senza voti e pagelle, semplicemente con leggerezza. E sincerità.

GRAND HOTEL CALCIOMERCATO

I retroscena

La soffiata

Non ero ancora stato in Polonia, non conosco il polacco, eppure sono diventato talmente conosciuto e cliccato da quelle parti che ho dovuto imparare in fretta a twittare *pozdro*. Niente di clamoroso, eh, ma un semplicissimo saluto per ringraziare i fan virtuali che dal 21 gennaio hanno iniziato a tempestare i miei profili social. Manco fossi diventato il capocannoniere della nazionale.

In appena ventiquattr'ore, ecco a voi il giornalista più apprezzato da Varsavia a Cracovia, e quasi per caso. Verso le 11 del giorno prima, ricevo infatti una telefonata da un numero (con prefisso) sconosciuto. Sono in bagno, appena docciato e sto per iniziare la mia solita giornata di calciomercato tra alberghi e ristoranti nel centro di Milano.

«Pronto? Sono Piotr Kozminski, un collega che scrive su Wirtualna Polska, un sito molto importante qui da noi.»

Penso subito a un'intervista sul suo connazionale Milik, atterrato in quei minuti a Marsiglia per firmare con l'Olympique dopo un lungo tira e molla d'addio con il Napoli. Niente di tutto questo.

«Mi potresti aiutare a scoprire il nome del nuovo Ct della Polonia? Qui si dice possa essere un allenatore italiano, girano mille nomi: da Giampaolo a Mazzarri, da Zenga a Stramaccioni, c'è chi scommette su De Biasi, ma nessuna certezza. Solo mistero.»

Il primo pensiero, giuro, sfiora la strafottenza: posso mica preoccuparmi della panchina della Polonia, con tutte le notizie che devo cercare qua oggi? Non ho tempo da perdere. Poi, un po' per non passare per presuntuoso, un po' perché inizia a salire la percentuale di curiosità, decido di promettergli un minimo di collaborazione.

«Sinceramente non ne ho la più pallida idea, ma conosco di persona quei nomi che mi hai fatto: ti verifico subito se è uno di loro, ok?» pensando così di dover al massimo sprecare quattro sms in più rispetto ai centinaia schedulati nel mio cervello a caccia di soffiate quotidiane.

Così, parto con il fuoco incrociato: Giampaolo nega, Mazzarri ci ride su, Zenga ha sentito due giornalisti locali e nulla più, Strama sa di essere in un'ipotetica lista ma non ha mai avuto contatti con nessuno. Niente di niente, acqua su tutti i fronti.

Ma poi, scusate, perché la Polonia dovrebbe scegliere un Commissario tecnico italiano? Perché il presidente della Federazione vive a Roma ed è quel volpone di Zibì Boniek, bello di notte per Agnelli quando giocava nella Juve, e adesso incubo di giorno per i miei colleghi disperatamente a caccia del nome giusto.

«Pensa che qui hanno ideato addirittura una sorta di gioco, tipo ruota della fortuna, con almeno dieci facce di candidati probabili: tiriamo davvero a indovinare, Boniek ha imposto massima riservatezza sulla scelta, vuole annunciare lui il prescelto domani pomeriggio in conferenza, facendo una sorpresa a tutta la nazione.»

Qui la dose di adrenalina cresce, comincia ad eccitarmi la possibilità di essere il primo a scoprire il segreto nascosto. E allora, vai con la raffica: mando sms e whatsapp a destra e a manca, allenatori su allenatori, agenti e intermediari, chiunque nella mia testa possa essere a conoscenza di quella notizia.

Poco dopo le 14, ecco l'imbeccata che risuona credibile.

20 gen 2021

Tu che sai tutto, ma Boniek chi ha preso come allenatore per la nazionale polacca? So che ha preso un italiano
14:11

Sta provando Paulo Sousa
14:12

Paulo Sousa, che parla bene italiano sì, ma è portoghese. La lampadina si accende comunque, il profilo ci sta eccome, lui e Boniek hanno in comune un passato in maglia bianconera e lo stile di gioco proposto da Sousa è accattivante per aprire un nuovo ciclo. Non mi resta che verificare, prima mossa da manuale del buon cronista. Ho un vecchio contatto di Paulo, ma non mi risponde. E potrebbe essere anche un segnale positivo. Così, mi gioco subito la carta di Zibì, che non sento da una vita ma in altre occasioni si è sempre dimostrato gentile. Gli scrivo testualmente, senza troppi giri di parole.

«Mi arriva che un nome buono può essere Paulo Sousa. E sarebbe una grande scelta!» con tanto di applauso formato emoticon.

Mancano dieci minuti alle tre, sono al quarto caffè e nel frattempo ho trascurato la ricerca di trattative per la trasmissione serale su Sky, inizio a innervosirmi. La botta finale arriva in pochi secondi.

«No» risponde Boniek, spegnendo ogni mia illusione e mandando al tappeto le velleità di candidatura al premio come giornalista dell'anno in Polonia.

Nel frattempo, tutti gli ami lanciati portano a un bel nulla, manco mezza conferma su altre piste in ballo, tantomeno nuovi segnali sull'indiscrezione precedente. Che faccio? Piotr mi martella, vorrebbe una mia dichiarazione da sparare sul web, decido di giocarmi la carta dell'azzardo.

«Vai pure che ci sono stati contatti con Paulo Sousa...» un modo paraculo per dare comunque questo nome per primo (visto che non era mai uscito) senza però espormi eccessivamente, cautelandomi in caso di sorpasso della concorrenza al traguardo. Del resto, la fonte che mi aveva instradato era troppo buona e affidabile, oltre a essere l'unica ad avermi confermato lo straccio di un sondaggio.

Boom, in pochi minuti quella sparata «Paulo Sousa

possibile nuovo Commissario tecnico» fa il giro delle varie piattaforme di informazione, scatenando anche le reazioni sul posto di colleghi molto attendibili. Il più seguito, Tomasz Włodarczyk, smentisce quasi subito categoricamente («non è Sousa, continua la ricerca») e l'ombra della figuraccia per il sottoscritto sembra materializzarsi.

«Ma non potevo farmi gli affari miei?» penso assaggiando nervosamente due biscottini. E smettendo di arrovellarmi per cercare qualcosa che non mi avrebbe cambiato la giornata. O la vita. Si fa sera, vado in onda un po' accigliato, mi addormento con quel punto interrogativo: chi diavolo sarà annunciato ufficialmente da lì a qualche ora?

Arriva il giovedì tanto atteso, 21 gennaio 2021, e si avvicina il pomeriggio della verità. A metà mattinata, lo squillo inaspettato: leggo il nome di Boniek sul display.

«Chissà cos'avrò combinato adesso…» mi chiedo.

Il tono è confidenziale, quasi un monologo.

«Sai, per me era importante scegliere una persona che parlasse sia l'italiano che l'inglese, un professionista preparato che si presentasse bene, con un'idea di calcio propositiva. E sono convinto che Paulo sia la scelta giusta: non credi?»

Come se nulla fosse, come se il giorno prima non mi avesse mandato, con delicatezza e senza indugi, fuori strada. Per un istante, un solo istante, vedo tutto nero, deciso a rispedire velenosamente al mittente quel «no» poco rispettoso che ancora non ho cancellato dalla cronologia dei miei messaggi. Tiro un respiro profondo, mi mangio una bella fetta di rancore e ci passo sopra più veloce della luce, senza minimamente accennare per telefono alla storta.

«Davvero un bel colpo, complimenti sinceri, sono convinto che si rivelerà una mossa vincente.»

Fair play allo stato puro. Del resto, pensandoci bene, con questa chiamata il presidente vuole confermarmi prima di tutti quell'anticipazione negata il giorno prima e magari farsi pure perdonare per non averlo potuto fare nella conversazione incriminata. Come se avesse deposto le armi. Così, aspettando la conferenza e l'ufficialità, mi sparo un altro cinguettio in cui vado dritto per dritto su Paulo Sousa e mi godo poi l'annuncio in diretta di Boniek, con tanto di videomessaggio da parte del nuovo Ct che saluta tifosi e giornalisti. Nel frattempo, sui social, il mio cognome finisce nelle tendenze, ricevo consensi e battute simpatiche, meme divertenti e galanti inviti a cena, un vero e proprio plebiscito. Con uno slogan finale che sinceramente amo poco, calandomi nei panni di tutta quella stampa messa alla berlina.

«Un solo italiano batte l'intera colonia giornalistica polacca!»

E mi sento all'improvviso come nel 1982 al Camp Nou: una rivisitazione moderna della semifinale mondiale vinta con la doppietta del mitico Pablito.

Sono andato recentemente in Polonia per la prima volta, anche per capire meglio la rinascita di un calcio che ha portato nelle ultime stagioni molti affari di qualità sull'asse serie A-Ekstraklasa (come viene chiamato in patria il loro campionato).

È lontano il periodo delle vacche magre iniziato proprio dopo la cessione di Boniek alla Juventus, quando passarono ben venticinque anni per vedere un altro giocatore ceduto in Italia, Matusiak al Palermo nel 2007. Lo status di comunitario ha fatto la differenza per l'appeal e sono contemporaneamente sbocciati tanti di quei talenti da far dimenticare come soltanto tredici anni fa la Federazione, priva di attaccanti validi, chiedeva a Robert Acquafresca (poi meteora nell'Inter) di scegliere la maglia biancorossa invece che azzurra. Beccandosi pure un gentile rifiuto, nonostante il pressing della madre polacca.

Non si può comprare l'orgoglio di cantare un inno, mentre un club può invece decidere di acquistarne un altro: ecco l'ultimo pazzo retroscena di quest'incredibile filo diretto Italia-Polonia. Nello specifico, Roma-Korona Kielce. L'idea dell'allora presidente Pallotta e dei suoi collaboratori fu proprio questa: prendere una società per farla diventare una sorta di satellite per giovanissimi giocatori, soprattutto extracomunitari.

Il Korona ha persino gli stessi colori di maglia, il giallo e il rosso, e la trattativa partì sulla base di due milioni per poi tramutarsi in una specie di «noleggio» annuale per circa un milione a stagione. Tutti d'accordo, patron e sindaco firmarono addirittura una lettera in cui accettarono la sinergia, arrivò pure il via libera della... Chiesa. Già. Kielce è infatti una città dal potere religioso molto forte, dove è nato il vescovo Marian Florczyk, tifosissimo del Korona. Mariano, così si fa chiamare ancora in italiano, parla benissimo la nostra lingua e andò di persona a Trigoria, centro sportivo della Roma, per «battezzare» questa possibile collaborazione: stando in Vaticano si era, e forse lo è ancora, appassionato alla Roma. L'operazione però non si concluse, sorprendentemente naufragata per il dietrofront romanista. Perché una sacra soffiata, nel calciomercato, può anche non bastare.

L'intrigo

Gennaio scivola via senza farsi notare troppo. Gli effetti del Covid sono ancora pesanti, soldi in cassa zero quasi per tutti, il primo mese di mercato passeggia alla larga da ogni tentazione. L'unica società veramente attiva è il Milan, che confida nel titolo e vuole cautelarsi per un posto in Champions, così ripesca Mandzukic (ma sarà un flop), si fa prestare Meité dal Torino e soprattutto Tomori dal Chelsea, l'arcigno difensore inglese che in pochi mesi convincerà così tanto da farsi riscattare d'estate per venticinque milioni di sterline. A Firenze sbarca il russo Kokorin lasciando indecifrabili tracce, mentre a Napoli si consuma il divorzio con Milik, dopo un vero e proprio braccio di ferro. Il polacco, sedotto e poi abbandonato dalla Juve, non rinnova il contratto in scadenza e finisce, come appena accennato, al Marsiglia, *adieu*.

Sono trenta giorni di intrighi e casi, spinosi, da risolvere, il più antipatico e clamoroso quello di Gomez: a Bergamo non si *baila* più con il Papu, in rotta di collisione con Gasperini. Il furibondo litigio tra i due, nell'intervallo di Atalanta-Midtjylland, finisce sulla bocca di tutti i pettegoli d'Italia.

«Il primo a mettere le mani al collo è stato Gasp, poi l'argentino gli ha tirato un cazzotto, una rissa da bar. Roba mai vista. E l'allenatore davanti a tutti lo provocava rinfacciandogli di essere il capitano dei Percassi, non dell'Atalanta!»

E via tra racconti più o meno veritieri, confermati comunque nel tempo con dinamiche da verificare su chi abbia iniziato a usare le mani. La società si schiera con Gasperini, fa allenare l'argentino a parte e lo mette in vendita, precludendogli però ogni via d'uscita in serie A, anche per non rinforzare le dirette concorrenti. Ci provano sbattendo contro un muro sia la Juve, che propone Bernardeschi in cambio, sia le milanesi in cerca di occasioni: l'unica soluzione resta quella estera. Siviglia infatti diventerà la sua nuova casa, alla quale il Papu si affezionerà molto e subito, tanto da non voler nemmeno prendere in considerazione un'ipotesi di scambio con Perisic emersa pochi mesi dopo, a inizio giugno.

L'altro tormentone invernale, ormai ciclico, riguarda Edin Dzeko.

«Tutti lo vogliono, nessuno lo piglia...»

Nel tempo ogni tentativo di lasciare la Roma salta sul più bello. Prima il Chelsea ai tempi di Monchi, poi la Juve nell'operazione incrociata con Milik in giallorosso (sfumata dopo le visite in Svizzera e la proposta di cambiare la formula), adesso l'Inter. Un'opportunità nata all'improvviso dopo la rottura con Fonseca, l'allenatore portoghese con cui mai è davvero scattato il colpo di fulmine. Un botta e risposta iniziato a fuoco lento, sfociato poi nel tumultuoso scontro dell'Olimpico durante e dopo la partita persa in Coppa Italia contro lo Spezia: una gara passata alla storia per la sostituzione di troppo effettuata nei supplementari, vietata dai regolamenti. Un pasticcio fatto in casa.

«Da oggi, Edin non è più il vostro capitano e finirà fuori rosa.»

È il 20 gennaio quando Fonseca davanti alla squadra annuncia la rottura con il bosniaco, reo di avergli mancato di rispetto. I compagni, tutt'altro che favorevoli, proclamano l'ammutinamento e si rifiutano di scendere in campo per l'allenamento, slittato al pomeriggio dopo vari interventi dirigenziali per riportare un minimo di disciplina. Da quel giorno, però, Dzeko finisce inevitabilmente, di nuovo, sul mercato. Il suo nuovo agente, Alessandro Lucci, ne parla con Paratici, suo vecchio estimatore, ma il piano Juve è prendere forse un quinto attaccante giovane. Che alla fine neanche arriverà. Intanto, una telefonata parte subito in direzione Parigi.

«Che dici, Leo, si può provare a impostare un'operazione coinvolgendo Icardi?»

Niente da fare: Leonardo preferisce non iniziare

nemmeno il discorso, conoscendo bene anche i piani di Mauro e Wanda, poco favorevoli a spostarsi in corsa durante l'inverno. Uno spiraglio si apre in Premier League dopo un leggero infortunio a Kane, ma il Tottenham poi preferisce aspettarlo e non interviene, mentre altre soluzioni come Aston Villa e Wolverhampton non vengono neanche valutate dal giocatore. Resta l'Inter, da una vita ammiratrice del cigno venuto da Sarajevo, alle prese però con il blocco totale del budget, dettato da una fase di trattative che riguardano la proprietà cinese del club.

«Non possiamo tirar fuori un euro: se apparecchiamo un'operazione in entrata, deve essere a costo zero, altrimenti non ci viene autorizzata.»

Si può solo ragionare trovando la contropartita adeguata, così il primo pensiero sfiora Eriksen, arrivato dodici mesi prima in Italia ma faticosamente in cerca di gloria nei meccanismi tattici e caratteriali richiesti da Conte. Marotta da giorni ha ammesso che il principino danese può partire se arriverà l'occasione giusta, eppure solo il Tottenham si è presentato richiedendolo in prestito gratuito. E respinto con perdite.

«Facciamo lo scambio Eriksen-Dzeko? È perfetto...» come togliersi due problemi con un sorriso unico. Il conclave nerazzurro a sorpresa invece dice no, questione di ruoli.

«Se esce lui, poi dovremmo trovare un altro centrocampista e non abbiamo la possibilità di prendere nessuno. Quindi Dzeko solo in cambio di una punta.»

Punta che per esclusione diventa Alexis Sanchez. L'unico che reclama più spazio per giocare, il meno intoccabile. Dal cileno filtrano aperture convinte, anzi richieste ben precise.

«Lasciatemi andare alla Roma, mi farebbero sentire di nuovo protagonista e io voglio esserlo di più.»

Un corteggiamento che nasce da lontano perché proprio i giallorossi furono i primi a sondarlo quando poi lo United accettò di prestarlo all'Inter.

La strada è in discesa libera, a Milano si intravede per la prima volta anche Tiago Pinto, il nuovo direttore sportivo della Roma, appena entrato in carica dopo aver salutato il Benfica del suo cuore. Il portoghese si muove da solo, non si è voluto portare collaboratori, è giovane e sveglio, considerato da tutti un top manager in prospettiva futura. L'incontro programmato con Piero Ausilio nella terrazza dell'Hotel ME Milan Il Duca dovrebbe rimanere segreto, ma è impossibile a tre giorni dalla fine delle operazioni, tanti i giornalisti schierati davanti ai vari alberghi, gli avvistamenti fioccano in tempo reale.

«Appuntamento in corso per Dzeko all'Inter e Sanchez alla Roma…»

Un passaparola che scalda gli animi nella Capitale, dove Alexis viene considerato sul viale del tramonto e perennemente infortunato. In più, emerge prestissimo il tema degli stipendi non proprio allineati, visto che Dzeko guadagna due milioni e mezzo in più di Sanchez: una differenza che l'Inter non può pagare e che invece la Roma si prenderebbe in carico pur di riportare serenità nello spogliatoio, togliendo una patata bollente al già pericolante Fonseca. Apriti cielo, insorgono i tifosi.

«E noi regaliamo il nostro capitano all'Inter, dandogli pure i soldi, per portarci a casa uno che non segna mai ed è sempre rotto?»

La furiosa reazione punta a bloccare in tempo la trattativa, creando i presupposti affinché la società ci ripensi. Tiago è smarrito e deluso, prova a far valere le sue ragioni, la notte del 29 gennaio è più lunga che mai.

«Perché nessuno parla del comportamento di Dzeko? Perché nessuno chiede al giocatore e al suo entourage come mai in ogni sessione di mercato vorrebbero andarsene? Nessuno guarda alla sua età e ai numeri paragonati ad altri attaccanti in A. Però i colpevoli oggi siamo noi...»

Lo sfogo risente di una pressione mediatica e pubblica così forte da indurre i Friedkin alla retromarcia.

«Lo scambio non si farà più.»

In poche ore si passa allo scaricabarile su chi ha avuto per primo l'idea, chi l'ha proposta e perché, chi ha organizzato l'aperitivo milanese e via discorrendo, fino alla chiusura del 31, quando tutti si girano dall'altra parte per voltare pagina all'istante. Tiago Pinto deve anche trasformarsi in un diplomatico internazionale per sancire la tregua Dzeko-Fonseca, una pace armata senza fascia di capitano che durerà fino al termine della stagione.

La storia d'affetto e gol tra Edin e la Roma è comunque destinata a finire: troppi gli scossoni e i ribaltamenti per non scalfire l'armonia, soltanto apparente. A cui va aggiunto il macigno dei quindici milioni (lordi) sull'ultimo anno di contratto, un peso insostenibile per la nuova filosofia voluta dalla proprietà americana: giovani, forti e con ingaggi più contenuti, l'identikit che calzerà a pennello per Tammy Abraham, l'erede designato di Dzeko, sull'altare con l'Inter solo a scoppio ritardato, verso ferragosto e dintorni.

Il mercato di gennaio meno esplosivo di sempre finisce intanto senza botti, nonostante il tentativo di chi ama sorprendere ai titoli di coda: Adriano Galliani è famoso per i suoi ultimi giorni del Condor e ci prova anche in serie B con l'adorato Monza. Gli riferiscono di un Ribery scontento a Firenze, e allora, tramite l'amico Boateng, organizza una chiamata spericolata.

«Grande Franck, vieni da noi: ci porti in A e poi insieme daremo spettacolo!»

Un appello che il campione francese valuta seriamente ma rimanda a fine campionato, in accordo con la Fiorentina. Lui vorrebbe restare viola, ma gli viene sbattuta la porta in faccia e resta addirittura senza contratto ai primi di settembre: Davide Lippi lo propone da svincolato a tutte le big, Napoli e Juve, Milan e Inter, Lazio e Torino, trovando terreno fertile solo un po' nel Verona e infine nella passione travolgente di Salerno. Gli basterà vedere qualche filmato dei tifosi allo stadio Arechi per farlo innamorare da lontano prima e da vicino poi.

«Ma cantano proprio tutti allo stadio... ho deciso, voglio segnare sotto quella curva!»

A Salerno il tifo assomiglia a quello di Marsiglia, dove per due anni fu contagiato da una vera e propria follia. La Salernitana ringrazia, il sottoscritto pure. Per aver anticipato in tv il colpo più importante della storia granata, mi hanno promesso cene pagate, colazioni a base di babà e giri in barca sulla Costiera Amalfitana: lunga vita al trentottenne Ribery.

La telenovela

«Volevo ufficialmente mettervi al corrente che Donnarumma lo prendiamo noi: regolatevi di conseguenza.»

Via Matteotti, il quartier generale della Juventus a Milano. È il 13 aprile, Paratici ha invitato Maldini e Massara per un caffè, non è una trappola. Nemmeno il messaggino che ricevo nel tardo pomeriggio.

Oggi Maldini poco dopo pranzo ha incontrato la Juve in Matteotti. Una persona ha visto Maldini entrare negli uffici della Juve, così mi han detto. L'incontro è durato un bel po', non una cosa veloce... ovviamente bisognerebbe verificare e capire se e di cosa han parlato

18:25

Chiedo

18:44

«Da voi non rinnova, noi siamo pronti ad accontentarlo: volete accettare uno scambio per evitare di perderlo a zero?»

La proposta non è indecente e nasce in un clima di ritrovata armonia tra le due società. Negli ultimi anni, le proprietà si sono spesso sedute a un tavolo comune, lo stesso Fabio Paratici è stato a lungo corteggiato a Palazzo Parigi da Giorgio Furlani (punto di riferimento del Fondo Elliott) per diventare rossonero, invano. Non è un caso che siano aumentati gli scambi e gli incontri di mercato tra due club nemici sul campo ma amici fuori, senza esagerare.

«Grazie, ma Szczesny non ci interessa: il portiere del futuro vogliamo sceglierlo noi. Sempre che Gigio rifiuti definitivamente la nostra offerta.»

Una proposta che il Milan ha già ritoccato e portato a sette milioni più uno di bonus condizionato alla qualificazione in Champions. Peraltro ancora da centrare nel finale di stagione. Donnarumma ne fa una questione di soldi, è chiaro, ma anche di ambizioni: vuole finalmente debuttare in Coppa Campioni e giocarci da protagonista. Sa che Milanello è casa sua, lì è arrivato bambino ed è diventato uomo, ma allo stesso tempo riconosce i limiti di un progetto giovane e inevitabilmente non paragonabile a quello dei principali top club europei, almeno per il momento. Da un lato il cuore, dall'altro la testa. Sua e di Mino Raiola, legati a doppio filo nonostante mille dicerie maliziose e prive di fondamento. Come quelle legate alla mega commissione di venti milioni chiesta a Casa Milan dal potente agente per rinnovare il contratto del suo assistito.

«Magari fossimo arrivati al punto di parlarne: la realtà è che ci siamo fermati molto prima, perché mai è stata accettata la nostra offerta sullo stipendio.»

La verità del Milan. Deciso a farne una questione di principio: nessun nuovo rilancio oltre quelle cifre, già molto importanti nel bel mezzo di una pandemia. Dall'altra parte, Raiola cerca di inventarsi strade alternative, persino quella di concordare una vendita differita nel tempo, quando magari tra due anni il mercato dei portieri esploderà e tutti faranno a gara per contendersi il migliore al mondo.

«Lo fate giocare e ve lo godete ancora per un paio di stagioni, recuperando interamente i soldi dell'ingaggio nel 2023, quando lo cederete per una ventina di milioni.»

Quasi come fosse un prestito biennale gratuito.

Niente da fare, tutte le soluzioni vengono rispedite al mittente con perdita, perché c'è ancora una flebile speranza nel cuore di Maldini e Massara che alla fine nessuno sia in grado di pagargli il salario richiesto (dai dieci ai dodici milioni), tantomeno la Juve con il bilancio in profondo rosso.

«Se non vendono Szczesny, come fanno a portarselo in casa?»

È il legittimo interrogativo milanista. Che trova risposte nel piano già studiato da Fabio Paratici: muovere le pedine giuste per piazzare il polacco alla Roma, facendolo tornare dove ha lasciato ottimi ricordi e in una squadra senza il portiere titolare.

«Donnarumma lo chiudiamo comunque, a quel punto Szczesny capirà che lo spazio per lui è ridotto e spalancherà i guantoni a Mourinho che cerca un numero uno affidabile.»

E infatti spenderà poi circa undici milioni per l'esperto Rui Patricio.

Il progetto bianconero si incaglia però poco dopo, quando Agnelli decide per la rivoluzione tecnica (via Paratici) e affida alla coppia Allegri-Cherubini le nuove strategie, che non prevedono operazioni extra budget.

«Fiducia nel nostro portiere, tra i più forti in Europa. Non è un ruolo dove interverremo.»

Il dietrofront gela soprattutto Raiola, a cui non basterà nemmeno proporre in extremis una soluzione favorevole per il bilancio in perdita della Juve, ovvero un ingaggio molto più basso, quasi irrisorio, solo per la prima delle cinque stagioni contrattuali. Niente da fare, lo stop è definitivo, oltre che discutibile.

«Ma come ha fatto la Juve a farsi scappare uno così a zero? È l'unico vero fuoriclasse del gruppo azzurro, il nuovo Buffon.»

È la riflessione sussurrata in seguito nei corridoi di Coverciano. Resta nel frattempo quel piccolo spiraglio a cui si aggrappa il Milan, consapevole delle difficoltà che il suo Gigio possa avere nel trovare un'altra squadra (importante) pronta ad accontentarlo. Ognuno aspetta così la mossa dell'altro, compreso il diretto interessato che prende tempo per capire il piazzamento finale, c'è un posto in Champions da giocarsi nell'ultima partita di Bergamo.

Il giovedì precedente, 20 maggio per la cronaca, la mossa a sorpresa di Maldini e Massara.

«Abbiamo atteso il più possibile, adesso siamo noi a interrompere definitivamente le negoziazioni: prendiamo un altro portiere!»

È il tiro all'incrocio dei pali che Donnarumma vede partire all'ultimo, senza la solita sicurezza. Se da un lato infatti non può immaginarsi un epilogo differente dopo i silenzi (suoi) dei giorni precedenti, dall'altro, in cuor suo, ancora sperava in un colpo di scena finale. E invece Atalanta-Milan va in archivio con le sue lacrime, non solo di gioia per la conquista del terzo posto, ma soprattutto di tristezza per un addio sancito tre giorni prima e ancora in attesa di ufficialità. Ecco perché non tutti si accorgono che Gigio si commuove al triplice fischio, forse perché travolto dall'abbraccio dei compagni. Piange perché già sa (e nessun altro pubblicamente ne è a conoscenza) che quella appena terminata è stata la sua ultima partita con la maglia che indossa fin da ragazzino.

Quarantotto ore dopo, con un volo privato che atterra in tarda serata a Linate, sbarca il suo erede: si chiama Mike Maignan ed è stato acquistato dal Lille per una quindicina di milioni. Ha appena vinto il campionato francese, aveva il contratto in scadenza nel 2022, ed è un pezzo pregiato sul mercato che rischiava di complicarsi perdendo altro tempo. Visto l'agguato in atto di nuovi corteggiatori come la Roma.

«Ma quindi, se adesso voglio rinnovare non mi tengono più?»

Il tenero messaggino, quasi disincantato e inconsapevole, spedito di notte all'amico ancora sveglio dopo aver scoperto di Maignan a Milano. Non pensando o non volendo pensare che il Milan l'avrebbe cancellato così, nel giro di poche ore, senza concedersi un ultimo disperato rilancio. E facendo addirittura arrivare in fretta e furia il suo successore per le visite mediche. È uno smacco in piena regola, a maggior ragione sapendo che in quel momento Donnarumma non ha accordi né promesse con altri club. A dir la verità, neanche l'ombra.

Si riparte quindi da zero e la prima telefonata è… del solito Paratici che ci riprova, ma questa volta per il Tottenham: un sogno durato lo spazio di uno squillo, perché Gigio non ha un debole per la Premier e nemmno apre all'idea. Stessa cosa per la Bundes, dove ci pensano Lipsia e Dortmund, mentre al primo posto dei suoi desideri resiste la Liga.

A Madrid lo vorrebbero volentieri ma non adesso perché Courtois è una garanzia, mentre in casa Barcellona si fanno davvero due calcoli e tentano di affiancarlo a Ter Stegen, poi nel caso saranno cavoli loro. La corte del Barça affascina molto il futuro campione d'Europa, sono pochi gli italiani ad aver vestito quella maglia, il rischio di non essere subito titolare si compensa con la gloria, il blasone e la possibilità di giocare con Messi a cui – incredibile ma vero – sarà comunque legato da un bizzarro destino di mercato. C'è un però, ovvero i paletti imposti dalla Liga sul fair play finanziario interno: i tesseramenti, anche di giocatori a scadenza, vengono schedulati con la calcolatrice in mano, si può investire solo una minima parte (il venticinque per cento) di quel che si incassa o risparmia, tutta colpa di bilanci in grave difficoltà e debiti da far paura.

Donnarumma ci spera tanto, poi capisce che non è aria, facendosi così convincere dalla società a cui aveva detto no qualche anno prima. Il Paris. Da sempre folgorato, adesso più che mai con Leonardo al timone.

«Lo amo Gigi, sarà il portiere del Psg per i prossimi quindici anni.»

È il sentimento confidato nei giorni che precedono l'intesa, non senza aver chiarito con Maldini e Massara le tempistiche dell'inserimento, giusto per essere trasparenti.

«Paolo è un fratello per me, sa che non abbiamo mai interferito nella loro trattativa per rinnovare il contratto. L'ho chiamato subito quando abbiamo avviato i primi contatti» ovvero in coincidenza con la finale di Champions League, più o meno a fine maggio.

I francesi hanno il peso di un simbolo come Navas da rispettare e gestire: ha prolungato da poco fino al 2024, è tra i migliori al mondo nel suo ruolo, come dimostrato nell'ultima stagione, ed è pure un capetto nello spogliatoio, punto di riferimento per tanti sudamericani.

Chissenefrega, il Psg preferisce non perdere la grande occasione e decide di garantirsi il futuro più che preoccuparsi per il presente, sarà un problema di Pochettino strutturare la coesistenza tra i due.

L'accordo economico si trova abbastanza velocemente, con i bonus Raiola ottiene quei dodici milioni per cinque anni che voleva, comprensivi però di commissioni, visto che in Ligue 1 sono vietate clausole particolari, percentuali su futura vendita e pagamenti agli agenti diversi rispetto a quelli legati allo stipendio dei propri assistiti. Don Mino non può tirare troppo la corda, questa rimasta è l'unica e ultima via d'uscita (di un livello altissimo) per chiudere la telenovela con meno rimpianti possibili.

I titoli di coda sono le visite mediche a Roma durante l'Europeo e la firma a Parigi da fresco eroe di Wembley: Donnarumma lascia l'Italia che ha appena conquistato da vincitore, solo il tempo dirà chi ha perso di più.

L'amarcord

Amarsi e poi dirsi addio, esattamente vent'anni dopo. Per poi tornare lì, dove tutto è iniziato. 2001-2021, una lunga e appassionante storia di sorrisi e parate, successi italiani e rimpianti europei, quella magica alchimia che pensi possa durare per sempre ma poi all'improvviso si spegne: Gigi Buffon arriva alla Juventus da ragazzo prodigio coltivato nel Parma, diventa un uomo e si laurea campione, uscendo di scena dopo l'ultima Coppa Italia vinta, portato in trionfo con i guantoni tutt'altro che arrugginiti nonostante quarantatré candeline già soffiate.

Ma lo sapete che, in quella famosa estate da ventitreenne sul mercato, nella testa del giovane Gigi la prima scelta era un'altra? Roma, la stessa Roma che oggi ha stregato Mou. Un feeling nato proprio sul campo, da avversario, in un caldo pomeriggio di metà giugno 2001, il 17 per l'esattezza: una domenica indimenticabile per tutti gli abitanti festosi dell'Olimpico.

Il suo Parma ne prende tre, da Montella, Batistuta e dall'amico Totti, certificando con l'aritmetica lo Scudetto per la squadra allenata da Capello. Lo stadio trema, un ciclone di bandiere giallorosse e voci emozionate rendono quella giornata palpitante anche per il cuore di chi ha una maglia diversa e sogna così di tornarci da padrone di casa.

«Se posso scegliere, questa è la mia destinazione preferita: l'ambiente mi ha affascinato, portami lì, Silvano! Altrimenti Barcellona o Juve, in quest'ordine.»

Il destinatario è il fedele agente Martina, custode di segreti e contratti insieme al papà di Buffon, il signor Adriano. La famiglia infatti spinge per continuare in Italia, non resta che avviare la trattativa con Sensi e Baldini. Il direttore sportivo è sponsor agguerrito dell'operazione, spinge forte e trova l'intesa su ingaggio e stipendio, sbattendo successivamente contro la resistenza del suo presidente a investire i quasi cento miliardi chiesti dal Parma per venderlo. Ne spenderà poco più della metà per il funambolico Cassano.

Vicino alla Roma, addirittura vicinissimo al Barça: storia di un blitz spagnolo alla Trattoria del Ducato, a pochi passi dallo stadio Tardini, dove i dirigenti del Parma si riuniscono per pranzi e cene d'ordinanza.

Questa volta è diverso, sul tavolo (anzi, a tavola) ben centoventi miliardi in contanti per convincere l'allora Cavalier Tanzi a cedere quel portiere predestinato a essere un top player. L'accordo viene raggiunto davanti a un piatto di tortellini, arriva anche il via libera per il viaggio del suo procuratore. Silvano Martina parte così dopo qualche giorno, facendosi accompagnare da una vera e propria leggenda, il miglior biglietto da visita possibile, Luisito Suarez in carne e ossa, Pallone d'Oro nel 1960 proprio con la maglia che Buffon potrebbe indossare di lì a poco. Suarez ha finito la sua carriera in Italia, è stato un mito per l'Inter, ha una parola buona per tutti e si mette sempre a disposizione per gli amici. Martina lo è. I due vanno quindi al Camp Nou a vedere la partita in programma in quel weekend, poi a cena con i grandi capi blaugrana. Non ci vorrà molto per raggiungere un'intesa: tra Buffon e il Barcellona è quasi una promessa di matrimonio. Per le pubblicazioni però serve ancora qualche ora, e il tempo sarà fatale per il piano spagnolo. Appena rientrato in Italia, mentre guida dalle parti di Rozzano, ecco suonare all'improvviso il telefono del manager di Gigi.

«Oh, Silvanooooo, ma dove cazzo vai in giro per l'Europa? Quello lì deve essere nostro, punto e basta!»

Ogni riferimento a Buffon non è puramente casuale: la voce inconfondibile di Luciano Moggi rimbomba come una minaccia.

«Me lo dici da tre anni, ora se vuoi scrivi...» risponde Martina, invitando il potente uomo mercato della Juve a formalizzare una volta per tutte l'offerta contrattuale per il suo assistito.

Giusto il tempo di fissare un appuntamento a Torino da Umberto Agnelli e le parti stringono un patto d'onore a suon di soldoni e progetti: Buffon dice definitivamente sì alla Juventus.

E la parola data al Barcellona? L'imbarazzatissimo procuratore scrive addirittura una lettera e la spedisce via raccomandata all'infuriato presidente, scusandosi per non aver rispettato l'impegno. Un gesto che si fa comunque apprezzare, in un mondo dove anche oggi il mea culpa resta raro.

Adesso manca, e non è poco, l'accordo tra le due società: Tanzi vuole cento miliardi, Giraudo e Moggi insistono per inserire una contropartita tecnica, ma i rapporti tra le due proprietà sono talmente buoni che non servirà molta strategia. La Juve ha già comprato Thuram sempre dalla stessa (cara) bottega e nel frattempo si è portata avanti con la cessione di Zidane al Real Madrid, sacrificio necessario per rifare mezza squadra. Va solo individuato il giocatore giusto per fare il percorso inverso, da Torino a Parma, abbassando il cash di una bella fetta. Enrico Fedele, direttore sportivo in Emilia ma napoletano di nascita, vuole affiancare Ciro Ferrara al suo concittadino Fabio Cannavaro, *Napul'è mille...* difensori. Ma Ferrara si fa incredibilmente male in una partita contro il Lecce e non può finire più in quell'operazione, sostituito in extremis da un esterno espressamente voluto da Renzo Ulivieri, l'allenatore del Parma. È Jonathan Bachini, una carriera maledetta e mille contrattempi fisici accompagnati da vizi proibiti. Trenta miliardi per lui, settantacinque per Buffon. Affare fatto alla presenza anche di Marcello Lippi, ospite d'onore al meeting finale, pronto ad accogliere Buffon tra i suoi nuovi giocatori.

All'epoca, non si usavano telefonini e non si consultava il web in tempo reale. Gigi è in vacanza tra i canguri australiani: riceverà la notizia grazie a un fax con tutte le prime pagine dei giornali dedicate a quel clamoroso trasferimento.

Proprio quell'estate 2001 viene tuttora ricordata come rivoluzionaria. Unica. In pochi giorni, il calciomercato italiano fa girare la bellezza di quasi quattrocento miliardi di lire, mica bruscolini, mostrando tutta la forza e l'autorità di magnati-imprenditori come Agnelli, Moratti, Berlusconi, Tanzi, Cragnotti, Sensi e Cecchi Gori. Famiglie e personaggi che si comportano come capi di Stato, fissando incontri segreti senza nemmeno coinvolgere i direttori sportivi, concludendo mega affari che vanno al di là dell'aspetto sportivo e incrociano politica ed economia a larga scala. Sì, sono i mesi più pazzi e ricchi nella storia delle trattative. Inzaghi va al Milan, Nedved raggiunge Buffon e Thuram alla Juve, il Parma fa un blitz in Portogallo per prendere Rui Costa, ma poi Berlusconi e Terim lo convincono a scegliere San Siro, Toldo preferisce l'Inter dopo essere stato vicino allo stesso Parma (che alla fine si consola con Frey), Stam e Mendieta sono i colpi della Lazio, che perde però Veron diretto allo United. Ah, quanto mi sarebbe piaciuto raccontare su Sky quelle settimane pirotecniche, avevo ventisette anni e facevo il giornalista a livello locale. Per darvi l'idea della portata di un calciomercato così irripetibile, soldi alla mano, il passaggio miliardario di Buffon alla Juve rimane l'acquisto più oneroso dei bianconeri fino al 2016, quando viene pagata al Napoli la clausola rescissoria di Higuain, novantadue milioni. E sempre Gigi taglia il traguardo come portiere più costoso di sempre, arrendendosi solo tre anni fa, quando Liverpool e Chelsea sfondano il muro di sterline a suon di record per assicurarsi Alisson e Kepa.

Rispetto a quasi tutti i giocatori di oggi, che stalkerano i propri agenti ogni due per tre in cerca di aggiornamenti, Buffon vive invece con la serenità più invidiabile i momenti di incertezza relativi al suo futuro.

«Se trovi qualcosa di intrigante, bene, altrimenti posso anche smettere senza problemi.»

È l'unico messaggio trasmesso al fedele Silvano.

«Ti vuole l'Atalanta, Gigi: faresti Champions e campionato da titolare, una bella sfida.»

È la tentazione di metà agosto 2020, ma il richiamo dell'amico-fratello Pirlo, appena nominato allenatore della Juve, non può essere trascurato.

«Mi ha chiesto di dargli una mano, è la sua prima esperienza in panchina, non posso dirgli di no. Restiamo qui…» per l'ultima stagione da protagonista.

Quando gioca, la squadra non perde mai. Eppure si dispiace per il compagno (in questo caso Szczesny) relegato in panchina. Come ai tempi della parentesi al Psg.

«Se resto qui, poi non faccio il bene di Areola che è giovane e troverebbe poco spazio» suscitando la reazione infastidita del suo interlocutore.

«Deciditi, Gigi, se la pensi così allora chiudi tutto e ritirati, eh.»

Per un botta e risposta dove a vincere è sempre un eterno ragazzo, l'estremo guardiano: custode di una porta che sembra sempre piccola quando a proteggerla c'è lui.

La prima vera estate sul mercato dopo vent'anni si trasforma così in un concentrato di richieste arrivate da tutto il mondo. Alla faccia dei quarantré anni sulla carta d'identità. Ci riprova il Barcellona, ma questa volta per proporgli un ruolo da vice di lusso, considerando Ter Stegen più titolare che mai. E la tentazione dura poco e niente, troppa la voglia di giocare ancora, non di fare la figurina e basta.

Le chiamate più insistenti sono invece brasiliane, dove vari club, tra cui lo storico Fluminense, sono pronti a coinvolgere sponsor di ogni tipo pur di finanziarne lo sbarco. Troppo lontano il Sudamerica con una famiglia allargata da vivere e gestire, restano in piedi all'estero Grecia e Turchia, dove il Besiktas gli offre una maglia da titolare e l'ennesima (ultima) vetrina in quella Champions mai vinta.

Al cuor però non si comanda, soprattutto quando il destino ti concede l'opportunità di chiudere un cerchio meraviglioso. Parma, il Parma. Come nella sceneggiatura di un film. Esattamente vent'anni dopo quel viaggio destinazione Torino, con una valigia piena di sogni. A riportarlo di nuovo a casa ci pensa il presidente americano Kyle Krause, tra i proprietari più social del calcio italiano: lui ama infatti svelare gli acquisti twittando, spesso postando la bandierina relativa alla nazionalità del giocatore. La pazza idea nasce il 21 aprile allo Juventus Stadium, ospite proprio il Parma in campionato.

«Perché non torni da noi l'anno prossimo?» con un

sorriso che sembra già un contratto pronto per essere firmato.

Due mesi dopo, ecco l'accordo biennale con un desiderio mica tanto segreto: giocare per convincere Mancini a portarlo come terzo al Mondiale 2022. Là dove il primo, Gigio Donnarumma, si presenterà da campione d'Europa e non più da portiere del Milan.

Il segreto

Di buchi ne ho presi tanti, per carità. Forse li ricordo più delle notizie scovate in anteprima perché non ci ho dormito la notte, scervellandomi su quale ingranaggio mi abbia tradito. Ho commesso diversi errori, forzando per esempio lo sviluppo positivo di una trattativa che poi invece è saltata (come il ritorno di Neymar al Barcellona) o fidandomi di una fonte sbagliata: non dimenticherò mai, ahimè, l'accostamento di André Gomes alla Juve come possibile erede di Pogba, ceduto allo United, e dopo nemmeno venti minuti addirittura annunciato ufficialmente dal Barça. Roba da diventare rossi per l'imbarazzo. In quei casi non esistono alternative alle scuse, anche se poco ci sarebbe da scusarsi: il tifoso si sente ingannato perché pende dalle tue labbra, giustificarsi lo fa incazzare ancora di più. La sua è diventata quasi una pretesa, conoscere in anteprima l'obiettivo della squadra che ama; evidentemente in questi anni è stato abituato piuttosto bene. Lo dico, e scrivo, senza presunzione. In Italia, nell'era moderna di calciomercato, siamo riusciti a trasformare l'eccezione in normalità, nella regola. Arrivando molto spesso prima dei club, anticipando comunicati e ufficialità, beccando i giocatori alle partenze o agli arrivi negli aeroporti, seguendoli persino dentro gli ascensori e nei garage degli hotel prima delle visite mediche. Tutto in real time, da innocenti stalker, una sorta di *Grande Fratello* senza fine.

In altri Paesi, non è mai stato così asfissiante il pressing, si preferisce aspettare l'annuncio della società o far vedere il video dell'acquisto con la maglia appena sfornata, mentre da noi quelle immagini sarebbero già vecchie. Solo recentemente qualcosina sta cambiando, soprattutto in Germania e Gran Bretagna, tant'è che nascono trasmissioni su ogni piattaforma, tutte con lo scopo – più o meno realizzato – di accontentare la fame di curiosità del dipendente da affari e trattative. Lo stesso che ti segue perché non vuole attendere il tweet presidenziale, ma poi spara a zero se arrivi secondo e applaude i suoi dirigenti per non essersi fatti scoprire.

«Stavolta vi hanno fregato, eh? Dovete impazzire, adesso la musica è cambiata: nessuno vi passa più le notizie!»

È il classico ritornello spammato nei commenti su Instagram. L'apice di questa rivolta contro i giornalisti-messaggeri di calciomercato ha una data scolpita a caratteri cubitali, 4 maggio 2021, ore 15.09: «L'#ASRoma è lieta di annunciare che José Mourinho sarà il nuovo responsabile tecnico della prima squadra a partire dalla stagione 2021/22!».

Clamoroso a dir poco. Assolutamente inaspettato, incredibilmente sorprendente. Sia per i contorni scoppiettanti del personaggio, che accetta di tornare in serie A undici anni dopo aver lasciato l'Inter del Triplete, sia per il rigoroso silenzio che ha accompagnato questo autentico blitz giallorosso. Infine perché la stragrande maggioranza della stampa nazionale e romana scommetteva ormai su Sarri come sicuro erede di Fonseca. Lo ammetto senza problemi, figuriamoci: non ne sapevo nulla, ma nulla di nulla. Nemmeno uno spiffero, una voce smentita, una chiacchiera da bar. E lo dimostra in maniera inequivocabile la smorfia rubata dalle telecamere di Sky Sport 24, quando mi viene comunicata in diretta la bomba. Sorrido per non imprecare, stringo i denti mascherando la rabbia, faccio i complimenti alla Roma, com'è giusto che sia, per aver lavorato magistralmente sottotraccia.

«Hai rosicato, eh, DiMà?»

Sui social i famosissimi haters non vedono l'ora di partire all'attacco in truppe schierate, mentre il video della mia reazione (quasi allergica) spopola in rete. Per alcuni minuti, fa quasi più notizia che io non sapessi una mazza rispetto allo choc di rivedere lo Special One in Italia.

Incasso un po' a fatica, mi metto subito in discussione per capire come e perché non ci sono arrivato, consolandomi al pensiero di essere in buona, anzi ottima compagnia. Sospirando e risollevandomi per non aver almeno spinto sull'acceleratore di Sarri, come diversi colleghi, addirittura in quella stessa mattinata. Una magra consolazione. A quel punto, inizio a cercare dettagli e ricostruzioni per arricchire il Mou-day, mi piazzo al cellulare a caccia di un particolare, una chicca, uno spunto per reagire al colpo basso. Mi raccontano la genesi, un corteggiamento nato una ventina di giorni prima, senza crederci più di tanto e quasi per gioco, nelle ore immediatamente successive all'esonero di José dal Tottenham. Un portoghese tira l'altro: la telefonata parte infatti da Tiago Pinto, il direttore sportivo della Roma, verso Valdir Cardoso, braccio destro di Jorge Mendes, il potentissimo agente che ha da poco chiarito alcune incomprensioni con Mourinho, adesso però assistito anche dalla CAA.

«Ma non è che...?» e il momento diventa presto quello giusto per realizzare il sogno. Un po' perché la rottura con gli Spurs va subito dimenticata nella testa di José, desideroso di voltare pagina, un po' perché a Trigoria sono ancora alla ricerca del profilo migliore dopo averci provato con Nagelsmann (che si era promesso al Bayern), Rose (finito al Dortmund) e Gallardo del River Plate (scartato alla fine per mancanza di esperienza europea). Il feeling scatta senza aver bisogno di carburare troppo, gli incontri sono positivi: nella casa londinese di Mourinho arrivano i Friedkin, proprietari della Roma, per sancire un patto di durata triennale e stima reciproca.

«Loro top, veloci, idee chiare, tempo per lavorare... molto bene.»

È l'unica concessione privata dell'allenatore più carismatico e mediatico che ci sia. Furbo, scaltro, attento a ogni particolare, anche a scusarsi per non aver potuto svelare nulla.

«Mi dispiace, non potevo dirti.»

La risposta al messaggio di ventiquattr'ore prima, nel quale lo invitavo a intervenire live per fare i complimenti alla sua ex Inter dopo lo Scudetto riconquistato.

«Cercavamo un leader, nessuno meglio di lui: una scelta più emozionale che razionale.»

L'ammissione della dirigenza su di giri. Felice anche per il lauto contributo del Tottenham allo stipendio della prima stagione, circa nove milioni da aggiungere ai sette definiti dal nuovo contratto, un accordo da Arsenio Lupin raggiunto all'epoca della firma come penale per il divorzio anticipato. Eterno machiavellico Mourinho, sul campo ma soprattutto fuori: non ci ho mai bevuto un caffè, lo giuro, eppure lui sapeva e sa tutto di me, ti fa sentire importante, risponde sempre ai messaggini con ironia e arguzia. Scorro la cronologia delle nostre chat per cercare chissà quale indizio perso e ritrovo infatti un mio abbraccio virtuale dopo l'ultimo licenziamento.

19 apr 2021

Vado al Como football club!
20:41

No, tu sei sempre special, devi andare in una squadra special
20:42

Como!!!!
20:43

«Tornerai presto Special, spero di ritrovarti felice in panchina...»

Tipica ruffianata che mi riesce piuttosto naturale.

«Sì, al Como!!!» ripete due volte «vado al Como!» che a rileggerlo oggi mi fa scappare ancora la stessa risata. Con qualche dubbio insorgente.

«Avrà sbagliato apposta la prima e ultima lettera? Magari voleva dirmi "Roma" e io non l'ho capito?»

Ma no, dai, vedo troppi film e faccio troppi incubi di calciomercato. Fermi tutti.

«E se mi avesse già svelato, con la previsione più lunga della storia, la sua prossima panchina italiana?»

Sul Lago siete già autorizzati a sognare.

La panchina

Eccola, in carne e ossa, la settimana più pazza che si ricordi. Roba da diventare scemi solo a raccontarla, un colpo di scena dietro l'altro. È il mercato delle panchine che va letteralmente sottosopra, una vera e propria rivoluzione nel mosaico degli allenatori. Dodici squadre su venti cambiano, un lifting quasi completo per la serie A, senza contare poi all'estero Real Madrid e Tottenham a lungo senza pace. Quando gli arbitri fischiano la fine del campionato, è ormai domenica notte, il 24 maggio all'orizzonte. L'Inter ha festeggiato uno Scudetto vinto dopo dieci anni, ma il sorriso di Conte è forzato, si capisce lontano un miglio che il suo futuro è appeso a un filo: la proprietà cinese ha infatti stabilito un ridimensionamento sul mercato che verrà, qualche intoccabile dovrà essere sacrificato e Antonio fatica ad accettarlo. Nel frattempo tutti si chiedono che ne sarà di Pirlo, riuscirà a salvare il posto dopo aver portato in extremis la Juve in zona Champions e vinto pure un paio di trofei? L'ombra di Max Allegri aleggia da mesi, il suo rapporto con Agnelli è sempre stato speciale, i due sono spesso insieme (pure beccati) a guardare in tv le partite della Juve a Forte dei Marmi. Amici, sì, ma pure travolti da quell'inevitabile nostalgia riapparsa dopo ogni risultato negativo. Il presidente bianconero non è così malizioso, o almeno fa finta di non esserlo, e avverte Pirlo puntualmente, quasi volesse decidere alla luce del sole.

A Pasqua invita persino Allegri alla Continassa.

«Dai, Massimiliano, andiamo a vedere gli allenamenti insieme...» come fosse naturale che il marito si presenti a casa dell'ex moglie senza nemmeno chiedere il permesso al nuovo compagno. Allegri evita, non vuole creare turbative e nel frattempo riceve continue telefonate dal Real Madrid che cerca di bloccarlo in caso di divorzio con Zidane.

«Il nostro allenatore sei tu, abbiamo già scelto: dobbiamo solo aspettare che Zizou ci comunichi la sua decisione, per rispetto non lo manderemmo mai via noi.»

Dalla sua Livorno, Max memorizza ma non si fida, neppure dopo l'incontro con Luis Campos, uomo vicinissimo a Florentino Perez, che gli garantisce un contratto in arrivo da Madrid.

«Devi solo aspettare, aspettare. Porta un po' di pazienza.»

Quella che però Allegri sta perdendo giorno dopo giorno, stufo di restare a spasso dopo due anni senza il profumo del campo e quel sapore dolce di vittoria. Sfogliando la margherita, decide comunque di mandare il suo agente Branchini a Madrid, è martedì 25 maggio: l'incontro con José Angel Sanchez, il ds del Real, va in scena due volte, l'ultima diventa quella buona per stabilire numeri e cifre, una sorta di preaccordo vincolato alle dimissioni di Zidane, con un tempo limite di due giorni.

Sono circa le 23: Agnelli pressa, il Real predica fiducia, mentre alla porta sta per bussare l'Inter. Conte infatti non si convince a restare, tratta la buonuscita per risolvere anticipatamente un ricchissimo contratto da tredici milioni netti, si accontenterà della metà per salutare con dispiacere la sua creatura vincente dopo appena due anni. Marotta ha già lavorato con Allegri alla Juve, dodici mesi prima l'aveva anche allertato se si fosse consumata la rottura con Conte, poi evitata nel famoso patto di Villa Bellini. Ma ormai è tardi, troppo tardi. Non basta una telefonata d'amore per spingerlo a rinnegare un impegno preso con Agnelli (e John Elkann) mollando per la seconda volta anche la tentazione Real.

Un piccolo spiraglio viene comunque lasciato aperto, la classica notte di riflessione, quella che dal 26 porta al 27. Una serata che i tifosi della Lazio, e del Madrid, ricorderanno bene. A Roma, infatti, Simone Inzaghi incontra Lotito e Tare per discutere di un attesissimo rinnovo del contratto, ricevendo però prima di cena una telefonata da Baccin, il vice di Ausilio all'Inter.

«Simo, prendi tempo. Prendi tempo, fidati di me! Non firmare, hai capito? Non firmare stasera, domani vedrai che vieni all'Inter: Allegri non accetterà mai, tu sei perfetto per noi, sia tatticamente sia come persona.»

Boom. Chissà cosa passa in quei momenti nella testa di Inzaghi, da ventun anni alla Lazio come giocatore prima e allenatore poi, mentre in macchina si avvia all'appuntamento della verità con i suoi dirigenti. Proprio in quei minuti, nel frattempo, Zidane spedisce un messaggino whatsapp, vocale solo per alcuni, ai suoi giocatori.

«Voglio che lo sappiate prima della società: lascio il Real, e desidero ringraziarvi per tutto quello che mi avete dato, siete un gruppo fantastico!»

La notizia fa presto il giro dei giornalisti amici dei calciatori, arrivando anche in casa di Florentino Perez.

«Me lo dirà domani nell'incontro che abbiamo a mezzogiorno, no? Io non lo chiamo, voglio proprio vedere quando mi avviserà» tuona il padrone madridista, che la mattina dopo (alle 9) farà subito telefonare ad Allegri dal fido Campos.

«Tieni duro ancora tre ore, poi sarai l'allenatore del Real Madrid!»

In Spagna tutti i titoli sono per l'«elegido italiano», mentre da noi il rebus riguarda proprio il suo futuro, conteso da tre club. L'unica certezza arriva, anzi sembra arrivare, dalla Lazio: dopo una serata chiarificatrice, Inzaghi e Lotito si sono stretti la mano e manca solo la firma per definire il rinnovo fino al 2024; in sede li aspettano per gli autografi di rito.

Sono circa le 11 di un incredibile 27 maggio, proprio quel giorno è fissata la registrazione della nuova sigla di *Calciomercato L'Originale*, da diciott'anni compagno di viaggio delle nostre estati su Sky Sport. Si gira nel cuore di Milano, in una sala da ballo, alla Balera di Porta Venezia. Ci sono Bonan e Fayna, almeno dieci figuranti che provano per la scenografia, tecnici e registi. Più un telefono, bollente, in escandescenza. Il mio.

Non è la prima volta che succede, una notizia clamorosa proprio durante le prove della canzone, sembra fatta apposta per rovinare i piani e farmi mandare a quel paese da tutta la banda. Mentre parcheggio, ecco la chiamata giusta.

«Vai pure dritto, Allegri torna alla Juve, lascia stare Real e Inter, ormai ha deciso così.»

E già m'immagino un collegamento dietro l'altro in tv, con Bonan vestito da cantante blues a inseguirmi sbraitando per la città. Mi fido di quella persona, ma cerco verifiche dirette. È troppo grossa per metterci la faccia così, senza rischiare una figuraccia. Ricevo qualche indizio versione emoticon, chi dovrebbe smentire non mi manda fuori strada, anche se «manca solo la firma» decido di buttarmi e chiamo in redazione.

La prima edizione in diretta quel giorno è alle 12, ma sono le 11.35, viene organizzata in fretta e furia una sorta di telegiornale straordinario, con me in diretta via facetime.

«È fatta, Allegri alla Juve!»

Venti minuti a spiegare il perché abbia scelto di tornare dove l'hanno corteggiato di più, a fronte di un contratto comunque molto lungo: quattro anni a nove milioni netti il frutto della prima indiscrezione, in realtà sarà un po' meno, esattamente dodici e ottocentomila lordi a stagione. Pirlo se l'aspetta da mesi, è vero, eppure Agnelli non l'ha ancora avvertito. E non lo fa nemmeno poco prima di pranzo, quando il suo attuale allenatore in carica lo chiama chiedendogli chiarimenti dopo la sparata televisiva.

«Stiamo solo parlando con Allegri, Andrea. Non abbiamo fatto nulla, sarai il primo a saperlo.»

Bugia. Mi rendo conto di aver anticipato il corto circuito anche quando, subito dopo aver terminato il live, ricevo l'inevitabile telefonata dalla sede dell'Inter.

«Ma sei sicuro? A noi Max non ha ancora comunicato nulla, non è che ti sbagli?»

E in quel preciso istante capisco perché dall'entourage di Allegri mi avevano negato la chiusura con la Juve: non erano ancora stati avvisati i dirigenti nerazzurri, ma soprattutto quelli del Real. Ahia.

Alle 12 circa, Branchini chiama infatti Sanchez.

«Mi dispiace davvero, è stata fatta una scelta diversa: sai, il figlio Giorgio vive a Torino, si tratta di una decisione soprattutto familiare, nulla contro il Real Madrid, ma sai...» interrotto senza neanche finire la frase dall'interlocutore spagnolo.

«Meglio così, qui vogliamo solo allenatori coraggiosi, che sposino la nostra storica società con entusiasmo. Sarebbe iniziata male con questi presupposti, ve lo assicuro. Buona fortuna.»

Botta e risposta per un improvviso dietrofront che gela il club più titolato al mondo, non abituato a essere snobbato, a maggior ragione rifiutato per la seconda volta nel giro di pochi anni. E una terza occasione, conoscendo i personaggi, non si presenterà mai più.

Da quel momento, Florentino Perez si mette dunque a caccia di un nuovo obiettivo: insegue a vuoto Pochettino, sonda Conte ma con mille dubbi, non se la sente di promuovere vecchie glorie del passato (ma giovani guide rampanti) come Raul e Xabi Alonso, decidendo in quarantotto ore di riabbracciare l'uomo della Decima. Carlo Ancelotti, proprio lui. Per un altro ingaggio a sorpresa di questa incredibile estate panchinara.

All'appello manca l'Inter, che non ha convinto Allegri e si è vista proporre un allenatore dopo l'altro, da tutta Europa, compresi Valverde e Lopetegui. Dal quartier generale di Milano, Marotta e Ausilio decidono comunque di rispettare la lista che avevano preparato, con Inzaghi al secondo posto, fresco però di serata con rinnovo in casa Lotito.

«Ma ha firmato?» chiede Ausilio a Tullio Tinti, che assiste da una vita Simone.

«No, firmato no...» lasciando presupporre una possibile riapertura qualora ci fossero determinate condizioni.

«Biennale a quattro milioni più bonus, pensateci» rilancia di forza l'Inter.

Consapevole che la Lazio è arrivata a poco più della metà, ci sono gli argomenti giusti per far barcollare il tavolo. Il tentativo rimane segreto fino a dopo pranzo, non c'è il minimo segnale a Roma di una retromarcia sull'intesa Inzaghi-Lazio.

Sono circa le 16, ho raggiunto da poco la Fiera di

Lodi, una trentina di chilometri da Milano, dove mi è stata fissata la seconda dose del vaccino anti-Covid, Pfizer per la cronaca. Prendo il mio bigliettino, aspetto il turno e, mentre mi avvicino all'infermiera con la siringa già in mano, squilla il solito cellulare. Anche adesso no, cazzo. Mi chiamano da un numero fisso, strano.

«Sveglia, Inzaghi va all'Inter. Fai le tue verifiche ma è così» mentre l'ago entra nel braccio destro senza farmi manco il solletico.

«Ma non ha rinnovato con la Lazio?»

Evidentemente no. E divento subito rosso paonazzo, tanto che la dottoressa si preoccupa che mi stia venendo qualcosa. Devo aspettare in sala quindici minuti, non si sa mai, e inizio a pensare alla strategia giusta per arrivare primo sull'inversione a U nel mondo Lazio, senza rischiare sbandate pericolose in caso di nuove sorprendenti puntate.

Contatto subito l'Inter, non possono prendermi in giro vista la mia sincerità sul caso Allegri di qualche ora prima.

«È vero, abbiamo telefonato al suo procuratore e ci è stato risposto che si può fare. Ma noi siamo a Milano e Inzaghi è a Roma, tra poco farà visita di nuovo a Lotito. E se alla fine gli metterà una penna davanti spronandolo a firmare? Dacci un'ora, non di più, giusto il tempo di evitare un altro due di picche dopo quello di Allegri.»

Decido di pazientare venti minuti, al massimo. Perché i tifosi della Lazio iniziano a sospettare qualcosa, e poi perché in sede all'Inter si fa rivedere Tullio Tinti, il manager di Simone: non può essere solo un caso, anche per gli attenti cronisti piazzati davanti agli uffici a caccia di segnali. Dal tweet per sparare «Inzaghi di nuovo nel mirino dell'Inter» al comunicato della Lazio contro l'ormai suo ex allenatore (mai nominato e accusato di averci ripensato), passano poche ore. Una rottura alla velocità della luce. Con l'erede di Conte trovato senza penare neppure troppo.

Come in un domino, è Lotito adesso alla ricerca di un allenatore. Ha corteggiato a lungo Gattuso, per poi iniziare un vero e proprio casting come fanno le aziende prima di assumere un nuovo capo area. Da Italiano a Villas-Boas, da Vitor Pereira a Liverani, convergendo sul nome più intrigante, e vincente, tra quelli liberi e disponibili.

Maurizio Sarri. Lui che aspettava un segnale di fumo (in tutti i sensi) dalla Roma, alla fine si prende la Lazio, nonostante molti pareri contrari. Uno dei più insistenti è quello di Cristiano Giuntoli, suo compagno di sogni ai tempi del Napoli, che lo invita a pensarci bene, anche un po' egoisticamente preoccupato per la potenziale crescita di un avversario nella rincorsa verso la vetta.

Il suo Napoli nel frattempo punta su un altro toscano, Luciano Spalletti, vincitore di un Giro d'Europa organizzato appositamente da De Laurentiis. Passando per la Francia, con Galtier fresco trionfatore in Ligue 1, e attraversando il Portogallo in cerca di un'ispirazione da Conceição, il re di Porto. Sperando sempre in un via libera dal solito Allegri, mai veramente sicuro di accettare, nemmeno in caso di quarto posto. Zitto zitto, invece, Spalletti finisce per essere l'unico davvero affidabile e felice di sposare il progetto, per nulla infastidito dai voli pindarici del suo presidente e già innamorato pazzo di una squadra che spera di condurre al primato. Come confessa sempre in quel fatidico 27 maggio, a casa sua, quando Giuntoli si presenta in segreto per iniziare a studiare il Napoli di una nuova era.

Si avvicina intanto la finale di Champions, a Porto, storia dell'ultimo sabato stagionale prima degli Europei e alla vigilia, mentre aspetto De Bruyne e Fernandinho per le interviste di rito, si avvicina Guardiola rilassato come non mai.

«Ma che succede in Italia con queste panchine, roba da pazzi!»

E giù una risata condita dall'orgoglio (tutto nostro) per questo piccolo spazio riservato nella centrifuga di Pep, ispiratrice di tattiche e sistemi.

Poco meno di una settimana dopo, quasi tutte le panchine sono sistemate e sta per iniziare l'Europeo. Tra le big internazionali, solo il Tottenham è disperato dopo aver sedotto ed essere stato abbandonato da Conte, in vacanza con la famiglia a Ibiza. La tentazione di accettare la corte inglese è forte solo all'inizio, poi si spegne sul più bello: il regista dell'operazione è Fabio Paratici, pronto a fare il direttore in Premier dopo undici anni di successi e colpi alla Juve. Anche in coppia con Antonio.

«Dai, andiamo insieme: possiamo vincere dove non vincono mai, e senza l'assillo di esserne obbligati» la sfida lanciata all'amico di un tempo, diventato poi nemico in nerazzurro.

Conte apre, sembra gradire questo progetto a fuoco lento, poi si rende conto che la differenza è troppo netta rispetto alle quattro battistrada (City, United, Liverpool e Chelsea), sarebbe frustrante per uno abituato a competere sempre per il titolo. Il plenipotenziario degli Spurs, Daniel Levy, scopre dai miei cinguettii che i dubbi di Conte aumentano fino a diventare insostenibili, non ci credo quando me lo raccontano e persino Paratici si meraviglia.

I'm sorry, caro Fabio: le vie del mercato (social) sono infinite.

«Pensavo di essermi liberato di te andando in Inghilterra, mi sa che ti ho sottovalutato...»

E adesso? Non resta che Fonseca, forse l'unico allenatore di un certo valore libero e arruolabile per gli Spurs, ancora senza una guida e assediati psicologicamente dalla pressione dei tifosi. Paratici benedice il portoghese, a cui ha addirittura pensato per la Juve qualche mese prima, valutandolo seriamente per il post Pirlo. E incontrandolo di nascosto dopo Juve-Benevento 0 1: è questa clamorosa sconfitta ad aver di fatto piegato la resistenza juventina nei confronti del suo novello pilota. Ricordandosi di quell'appuntamento positivo, il ds ne organizza un altro per il suo nuovo club, alla presenza di Steve Hitchen, primo collaboratore dell'area tecnica. Il pranzo è programmato a Como, sul Lago, con gli agenti di Fonseca pronti a stappare lo champagne.

È una consuetudine molto britannica quella di fare queste cosiddette «interview» ai candidati manager: sono dei colloqui molto approfonditi, assomigliano a interrogatori, se sbagli una mossa sei fregato. E Fonseca si gioca malissimo le sue carte, appare troppo indeciso e poco convinto, caratterialmente molle. Il colpo di fulmine non scatta, anche se a livello mediatico il motivo della rottura viene ricondotto a una serie di problematiche fiscali, esistenti ma non così determinanti. Sembra l'ultimo, ma non sarà l'ultimo, colpo di scena sul mercato delle panchine.

La retromarcia

A Firenze, è stato annunciato da qualche giorno in pompa magna l'arrivo di Gattuso, corteggiato con un pressing degno del Milan di Sacchi, eppure mai veramente convinto di accettare. Dalle prime telefonate al sì definitivo, i dirigenti viola restano infatti sulla corda per mesi, incollati a Ringhio aspettando quel via libera che arriva una mattina all'improvviso.

«Venite a Napoli, ho deciso.»

Musica dolce per le orecchie di Commisso, solo pochi giorni prima rimbalzato dallo stesso Gattuso, negativamente colpito da una conferenza stampa fuoco e fiamme del presidente contro tutti i giornalisti presenti.

«Non posso andare in guerra adesso, dai, l'ambiente lì è surriscaldato e io ho bisogno di una situazione più tranquilla, sono reduce da annate pesanti e qualche problema fisico» confida Rino agli amici. Solleticato dalle chiamate di Carnevali per il Sassuolo e pronto ad ascoltare Lotito per la Lazio.

«Ti accontenteremo in tutto e per tutto, puoi portarti anche l'intero staff: quanti sono, nove o dieci?

Nessun problema. E faremo il mercato che vorrai, carta bianchissima.»

È il rilancio continuo della Fiorentina che fa centro proprio quando ormai le speranze sembrano svanite.

Tac. In ventiquattr'ore cambia il mondo viola. Almeno provvisoriamente. Il lunedì sera, sicuri che Gattuso avrebbe detto no, Barone e Pradè incontrano Fonseca nella sua residenza romana e lo bloccano, con tanto di slides di benvenuto. Al martedì, ora di pranzo, sono invece seduti con l'ormai ex allenatore del Napoli, pronto a sposare il progetto istant per far rinascere subito la Fiorentina, reduce da due soffertissime salvezze. Tutto è bene quel che finisce bene. Macché, almeno non in questa schizofrenica estate di allenatori che girano come trottole impazzite.

Il contratto di Gattuso con la Fiorentina, firmato, non verrà infatti mai depositato. E quella foto, senza sorriso, di Ringhio al centro sportivo per un primo sopralluogo resterà l'unico scatto di un'avventura durata appena quarantadue giorni, manco il tempo di fare un allenamento. Pazzesco. Attriti, frizioni, persino offese, finisce malissimo tra le parti, costrette addirittura a inserire una clausola di riservatezza nella risoluzione contrattuale per evitare di sputtanarsi a vicenda in pubblico.

«Nessuno di noi può parlare di quanto successo, pena un risarcimento danni da paura.»

La tensione nasce nel segno, e per colpa, di un mercato che il potentissimo agente (anche di Gattuso...) Jorge Mendes vuole indirizzare a suo piacimento verso giocatori sicuramente forti, per carità, ma a condizioni ritenute inaccettabili dalla società.

«Non può chiederci venti milioni per Sergio Oliveira, che ha quasi trent'anni e non rivenderemmo mai, da pagare al Porto entro domenica, con commissioni esagerate e uno stipendio da manicomio. E poi Guedes, Corona, per prenderli tutti servirebbero cento milioni solo di cartellini.»

Il divorzio si consuma tra insulti e telefonate irripetibili, mentre la notizia inizia a circolare proprio quando l'Italia batte la Svizzera all'Olimpico, continuando a farci sognare agli Europei.

«Gattuso e la Fiorentina possono già dirsi addio, sembra incredibile ma è vero» racconto su Sky dalla postazione interno stadio, interrotto da quel contagioso «po po po», coniato in Germania ai tempi del Gattuso campione del mondo sul campo. Tempo un giorno, e il comunicato viola rende ufficiale quel fulmine a ciel già non troppo sereno.

Le panchine vacanti adesso tornano due, Fiorentina e il solito Tottenham. Presto si aggiungerà anche un'insospettabile terza, sembra di stare su *Scherzi a parte*.

È il 17 giugno, un pomeriggio di caldo torrido, Firenze suda e schiuma di rabbia, ancora non ci crede.

«Ma come, tutta la fatica per convincere Gattuso e poi questi rompono prima ancora di iniziare?»

Legittima delusione. Che diventa sgomento quando emerge un'altra cruda verità. Il Tottenham, dopo

Conte e Fonseca, adesso punta proprio su Rino per affidargli la poltrona più scomoda della Premier, senza padrone da quasi due mesi. E il dubbio sorge spontaneo.

«Ecco perché ha cercato lo scontro.»

In realtà, i contatti Paratici-Mendes prendono corpo durante gli screzi con i dirigenti della Fiorentina, non prima. Sono l'effetto, non la causa, rappresentando in quel momento la via d'uscita ideale per l'ex allenatore del Napoli. E la migliore soluzione d'emergenza per gli Spurs.

«Diventerà un grandissimo, ha le stesse caratteristiche di Conte, forse con qualcosa in più...»

È l'ottimistica previsione di Paratici, confidata subito dopo il primo appuntamento.

È colpo di fulmine, il semaforo verde scatta subito, vengono così predisposte tutte le misure necessarie per andare avanti. La notizia inizia a circolare, forse prima del previsto, magari è anche un modo per stanare la reazione popolare tra i tifosi inglesi. Ed è lì che scoppia l'insurrezione, talmente forte e rumorosa da diventare trend topic sui vari social di riferimento.

«#Gattusout.»

Un vero e proprio putiferio con radici nel passato di Ringhio, sul campo per una litigata famosa con Joe Jordan ai tempi di un Milan-Tottenham (il 15 febbraio

2011) e fuori per una serie di dichiarazioni giudicate maldestramente sessiste e omofobe.

«Barbara Berlusconi? Io le donne nel calcio non le vedo molto bene, mi dispiace ma è così» quando otto anni fa Gattuso si schierava dalla parte di Galliani nella gestione societaria del Milan.

«Le nozze tra gay non mi trovano d'accordo. Mi scandalizzo perché credo nella famiglia fin da bambino: per me, il matrimonio è tra un uomo e una donna. Anche se siamo nel 2008 e ognuno può fare quello che vuole, questa roba mi sembra molto strana» sono le altre considerazioni di una vita fa nel salotto di Vespa a *Porta a porta*, rimescolate ad arte sui forum dei tifosi più accaniti, inconsapevoli, per esempio, della centralità di Monica, la moglie da sempre al suo fianco, anche nella vita professionale.

In un baleno la porta del board si chiude senza possibilità di riapertura, Gattuso non può diventare l'allenatore di un club che punta moltissimo sul calcio femminile e sta facendo costruire uno stadio da trentamila posti solo per le donne a pochi passi dal centro sportivo degli uomini, che è già un autentico gioiello. Per farvi capire, il rifugio dell'Italia campione d'Europa nella notte prima della finale con l'Inghilterra.

Il presidente Daniel Levy è un innamorato della perfezione: fa persino coltivare in un giardino interno la frutta e la verdura che poi i suoi giocatori mangeranno durante i pasti. E per ogni nuovo acquisto in arrivo viene compilata una scheda con vita, morte e miracoli del diretto interessato. Quella su Gattuso si sgretola sul più bello, bocciata senza margini da Rebecca

Caplehorn, la «Director of Football Administration and Governance», in carica dal 2015, molto attenta ai diritti e alle cause femminili, anche per ragioni di vita. Quegli attacchi datati alle donne nel pallone costano quindi il posto al candidato italiano, che non ha nemmeno l'opportunità di difendersi o chiarire la sua posizione, tanto forte e strumentale diviene la protesta.

Alla fine gli inglesi ripiegano su Nuno Espirito Santo, un manager portoghese sempre sponsorizzato dal connazionale Jorge Mendes, mentre la Fiorentina strappa letteralmente Italiano allo Spezia, fresco di rinnovo e annuncio in pompa magna. Nel nuovo contratto (dallo stipendio raddoppiato) firmato dall'eroe di promozione e salvezza, resta però una clausola rescissoria da un milione di euro alla quale si appigliano i vari protagonisti per completare l'ultimo colpo di scena dell'estate. Serviranno giorni di trattative tra le due proprietà americane per definire l'intesa che libera Italiano sulla via di Firenze, un allenatore pagato come se fosse un giocatore. E diventato in poche ore da simbolo a traditore di una città, ferita da quel dietrofront inatteso e poco elegante, nei tempi più che nei modi.

La Fiorentina lo convince mettendogli a disposizione un budget di tutto rispetto, più soldi di stipendio e ambizioni ben precise, non ci vuole molto per dire sì. Sul mercato poi, è stato già comprato Nico Gonzalez, circa trenta milioni sull'unghia allo Stoccarda, pagati in fretta e furia sia per dare un segnale dopo gli attacchi di Gattuso, sia per assicurarsi presto il compagno di Messi e Lautaro nel tridente della Seleccion in Copa

America, un potenziale crack. Resterà per molte settimane l'acquisto più caro sotto l'ombrellone, una rarità, soprattutto ai tempi del Covid, sborsare quella cifra senza aver venduto prima qualcuno.

Incredibile a pensarci bene: le società italiane hanno preferito spendere e svenarsi più per gli allenatori che per i giocatori, forse per l'impossibilità di fare rivoluzioni nelle rispettive rose. Così, non solo Vincenzo Italiano ma anche Alessio Dionisi (l'uomo che ha riportato l'Empoli in A al primo tentativo) finisce al centro di un intrigo. All'inizio rassicura i suoi dirigenti sulla volontà di «restare come priorità», poi flirta per giorni con la Samp che non trova però l'accordo sulla cifra d'uscita con l'Empoli, infine chiude a Sassuolo, dove cercano un profilo giovane e di talento, in grado di continuare sulla strada tracciata da Roberto De Zerbi, volato in Ucraina allo Shakhtar. In realtà il nome segreto su cui lavora sottotraccia Carnevali, l'ad neroverde, è quel Ralf Rangnick destinato poco più di un anno prima a sostituire Pioli sulla panchina del Milan, fino alla clamorosa retromarcia (la sua) in seguito alla mancanza di presupposti (relativi al budget dimezzato) e condizioni (il Milan vinceva sempre, non aveva più senso iniziare un nuovo percorso). In questa pazza idea targata Sassuolo c'è lo zampino di Sacchi, molto amico di Carnevali ed estimatore del tedesco, ma soprattutto di Galliani: il *boss* e l'*innovatore* sono sempre rimasti in contatto da anni, storia di un vecchio Milan-Schalke del 2005, tanto che Rangnick sarebbe stato il clamoroso prescelto di Berlusconi nel caso di promozione in A. Al Monza, lo scienziato Ralf aveva già detto sì, troppo grande il progetto da costruire alle porte della metropoli Milano, una garanzia i personaggi coinvolti. Molti più dubbi invece, poi rivelatisi decisivi, sulla scelta Sassuolo, nonostante il pressing deciso della proprietà e un colloquio giudicato davvero affascinante con Giovanni Carnevali.

«Grazie del pensiero, ma non me la sento.»

È la sincera risposta di chi evidentemente considera quella piazza ancora un'espressione di provincia, senza però averne valutato in modo adeguato prospettive e potenzialità. Rangnick dice no, Dionisi invece abbraccia il progetto senza tentennamenti, pur non sapendo al momento della firma se potrà contare su tutti e tre i campioni neroverdi d'Europa: Berardi, Raspadori e, principalmente, Locatelli, promesso sposo della Juve dopo il no all'Arsenal. Se li godrà ancora insieme solo Mancini.

Il colpo

L'Europeo di Zlatan, invece, svanisce senza nemmeno iniziare, tutta colpa dell'ennesimo infortunio stagionale. Ibra è preoccupato per il suo Milan, c'è un attacco da sistemare al più presto. E il bene della squadra viene sempre prima, anche di una maglia da (eventualmente) condividere con un nuovo arrivato.

«Chi prendiamo davanti, Paolo?»

Ibra non ama fare mille giri per arrivare al punto, non la prende larga come noi giornalisti quando vogliamo scaldare il nostro interlocutore.

«Giroud, stiamo trattando lui.»

Il cross pulito e teso di Maldini dalla fascia sinistra. Un assist che lo svedese fa suo senza neanche stoppare il pallone.

«Benissimo, non vedo l'ora arrivi!»

Una benedizione in piena regola, che spinge il Milan a fare di tutto per regalarsi il francese fresco di Champions alzata al cielo nella notte stellata di Porto. Viene persino studiata una strategia mediatica per spedire una cartolina d'amore al futuro compagno.

«Giroud? È il benvenuto qui...»

È l'investitura affidata alla *Gazza* la mattina del 4 giugno. Quando tutti sembrano già felici e contenti. Il Milan ha da giorni un accordo con il giocatore, il suo agente Michael Manuello ha infatti promesso di portarlo via dal Chelsea a zero euro, forte di un contratto che terminerà alla fine del mese. Ma proprio quel pomeriggio, succede un pasticcio. Gli inglesi ufficializzano di aver esercitato l'opzione unilaterale di rinnovo, un'arma che si riservano sempre per non perdere i giocatori a scadenza: della serie, altro che Giroud gratis!

Sono circa le 18, scatta l'allarme. Luca Antonini, ex terzino del Milan per tanti anni, è uno degli intermediari (insieme a Vincenzo Morabito e Giampaolo Marcheggiani) legati all'operazione, la sua agenzia collabora con il procuratore del francese. Ha appena finito di giocare un torneo di padel con Zambrotta, prima idolo e poi amico: riprende il telefono in mano e trova una settantina di messaggi relativi a questa sorprendente comunicazione del Chelsea. Sbianca, come se avesse perso una montagna di soldi al Casinò.

«Ma che succede, Anto?» si preoccupa all'istante il compagno di vecchie avventure rossonere.

«Ha rinnovato Giroud!»

Ma Zambro non capisce ancora.

«E quindi?»

Innocenza per innocenza.

«Quindi... ce l'ho nel culo!» sbotta Luca con una faccia che è tutt'un programma. Immaginando la potenziale reazione del Milan, legittimamente infastidito da un cambiamento di rotta così repentino. In realtà, Maldini e Massara sono stati preparati qualche ora prima al telefono dal solito Manuello.

«Leggerete tra poco questo annuncio, non preoccupatevi perché è tutto sotto controllo. Il rinnovo è solo formale, noi abbiamo un impegno con Marina per essere liberati alle stesse condizioni qualora arrivi una destinazione estera gradita a Olivier.»

Promessa verbale, però, che la donna plenipotenziaria del Chelsea disconosce.

«Io non mi ricordo nulla, non c'è niente di scritto, mi dispiace: chi vuole il nostro centravanti dovrà parlare con noi e pagare.»

Firmato Marina Granovskaia, la bella e (pre)potente manager scelta da Roman Abramovich per gestire tecnicamente il suo ricchissimo club. E dalle parole Lady Chelsea passa subito ai fatti, proponendo in quei giorni Giroud come contropartita all'Inter nel piano d'assalto a Lukaku, il grande sogno dei blues. Negli ultimi due anni, peraltro, i nerazzurri hanno più volte messo le mani su Giroud senza mai affondare il colpo, come la Juve prima di chiudere Morata e dopo aver perso Dzeko. Ma c'è di più: Simone Inzaghi, il nuovo allenatore dell'Inter, è stato il più vicino ad averlo in squadra nella sua Lazio, quando Tare, il 31 gennaio 2020, si imbarcò per Londra, senza però riuscire a riportarlo con sé in Italia.

La mossa, comunque, non coglie di sorpresa il Milan, sempre più convinto di abbracciare il suo obiettivo, anche a costo di cambiare le condizioni d'acquisto. Dirigenti e allenatore sono sintonizzati sulla stessa frequenza già da metà aprile, i giorni in cui Ibra è alle prese con vari contrattempi e Mandzukic è senza garanzie per il futuro.

«Ci serve una punta forte, non possiamo più contare solo su Zlatan.»

È il pensiero comune a Milanello e dintorni. Si cerca, come da filosofia aziendale, un profilo giovane su cui investire e viene individuato in Lassina Traoré, gigante di talento che spopola nell'Ajax: vengono organizzate anche due videocall con agenti e giocatore, ma alla fine non ci sono i presupposti per chiudere. Se lo porterà qualche settimana dopo De Zerbi allo Shakhtar.

Sono i primi di maggio, consultazioni e visite a Casa Milan sono all'ordine del giorno, arrivano anche gli intermediari a proporre Giroud, trovando immediatamente terreno fertile nella reazione di Maldini.

«Per fare un grande Milan, servono grandi giovani di prospettiva, grandi investimenti ma anche... grandi giocatori e grandi uomini.»

Ovvero «portatecelo presto». Che diventa «consideratelo già nostro», dopo due chiamate in FaceTime con Olivier, pazzo del Milan grazie ai racconti dell'amico e compagno Thiago Silva, con il cuore rossonero anche sotto la maglia del Chelsea.

«Il mio idolo è Sheva, il connazionale a cui mi ispiro è sempre stato Papin: è destino che debba giocare a San Siro.»

Il messaggio tranquillizza i dirigenti anche nelle ore più difficili, quando viene metabolizzata l'idea che servirà pagare un (minimo) indennizzo per liberarlo dal rognosissimo Chelsea. Manuello lavora ai fianchi Marina per farle rispettare la parola rinnegata, Antonini e soci sentono i responsabili del mercato milanista ogni sera alle 20.30, puntuali come un Tg.

«Com'è? Novità?» il ritornello quotidiano, aspettando un prezzo d'uscita e un via libera definitivo.

Il Real intanto propone il prestito di Jovic, attaccante di valore poco integrato a Madrid, ma il feedback non è incoraggiante.

«Ha un lato caratteriale che non ci convince, preferiamo aspettare Giroud.»

La perseveranza alla lunga può essere premiata, soprattutto sul mercato. È così che da Londra arriva una mail con la richiesta ufficiale.

«Due milioni, uno si può anche legare a determinate condizioni.»

Il Fondo Elliott predispone un'analisi approfondita, la risposta finale è che non può esserci al mondo un'operazione più favorevole di questa, considerati la qualità del calciatore (169 gol nei club, 46 in Nazionale con il secondo posto nella classifica all-time, un palmares da campione assoluto con Mondiale, Champions ed Europa League da esporre in bacheca) e i costi: in un anno, le prestazioni di Giroud avranno un peso sul bilancio di appena cinque milioni e seicentomila euro compresi il prezzo del cartellino e l'ingaggio lordo più contenuto grazie al Decreto Crescita. Semaforo verde, condizioni accettate e qualche giorno utile per definire meglio il milione di bonus, vincolato al futuro piazzamento europeo del Milan e alle presenze collezionate in stagione dal futuro nove rossonero. Che, per la cronaca, se ne frega zero della maledizione legata a quel numero di maglia poco fortunato per i suoi recenti predecessori.

«Faccio il centravanti di mestiere, mi prende il Milan con una grande storia in quel ruolo e mi faccio condizionare da cabala e scaramanzia?»

Arriva così il 16 luglio, un volo privato lo porta a Linate e poi un macchinone allo Sheraton, a pochi passi da San Siro, l'albergo ormai specializzato per gli ultimi giorni di trattative. Qui il Milan fa dormire i suoi nuovi acquisti, anche quelli appena rientrati dalle vacanze e ancora senza casa.

Appena Giroud entra in sala ristorante, si sente un urlo di gioia: è il benvenuto di un vecchio amico, Fikayo Tomori, che ha conosciuto Olivier al Chelsea e lo ha preceduto di un annetto. Mezz'ora in compagnia per rivivere qualche momento del passato, quattro risate, due consigli su dove mangiare bene in Italia e subito proiettati a una nuova avventura insieme, nel segno di Pioli. Che il pomeriggio seguente, 17 luglio, arriva a Casa Milan solo per incontrare e conoscere il suo attaccante dal fisico statuario. Lui, Giroud, Massara e Maldini si chiudono in una stanza luminosa al quarto piano della sede, lasciando agenti e collaboratori vari fuori dalla porta. Quaranta minuti faccia a faccia, il primo vero incontro guardandosi negli occhi e dicendosi tutto quel che serve per arrivare ancora più convinti alle firme. Per il Milan è quel segnale di fiducia dimostrata già con il lungo e tribolato inseguimento, per il francese l'ultima scintilla da far scoccare nel cuore di allenatore e dirigenti.

«Ragazzo top, professionista vero» chiosa un Pioli sorridente all'uscita dal conclave.

Il colpo è servito. *Bienvenue.*

Il bivio

Quando se lo trova davanti, non sa nemmeno se dirgli «ciao» o «bom dia». Parla la sua stessa lingua, ma non ha ancora vent'anni e l'emozione è talmente forte da bloccare ogni parola, alla faccia di quell'invidiata padronanza ammirata sui campi brasiliani. Poi, gli occhi già sgranati si illuminano all'improvviso perché a rompere il ghiaccio è proprio il suo più famoso compagno di squadra, ancora inconsapevole del futuro che lo porterà lontano da Torino.

«Oh, Kaio, *bem-vinda*» è l'affettuoso benvenuto di Cristiano al ragazzino venuto dal Santos. Che si gira verso Donna Atenas e per poco non si commuove dall'incredulità.

«Mamma, hai visto? Ronaldo mi conosce!»

La sorpresa che diventa meraviglia, il più bel regalo possibile nel primo giorno da giocatore della Juventus. Pensate, Kaio Jorge dovrà raccogliere il testimone da CR7, tutti lo considerano l'erede di Neymar… e invece poteva essere la nuova stella nello stadio intitolato a Diego Armando Maradona.

Fine ottobre 2020, la macchina del tempo torna indietro di circa nove mesi, perché la prima squadra e i primi contatti italiani con il gioiellino che diventerà bianconero sono targati Napoli. All'inizio del nuovo anno, l'operazione è virtualmente chiusa: accordo sulla parola, stretta di mano, un patto d'onore.

«Il giocatore è nostro, non parlate più con nessuno, lo prendiamo» sentenzia Cristiano Giuntoli.

Il direttore sportivo raggiunge l'accordo economico con Giuliano Bertolucci, il conosciutissimo agente che apre più di una porta in Brasile solo presentando il biglietto da visita. I numeri accontentano tutte le parti in causa, l'intesa prevede che Kaio Jorge diventi azzurro all'inizio del 2022, appena il suo contratto con il Santos sarà scaduto e basteranno poi giusto trecentosettantacinquemila euro come parametro (chiamato premio di formazione) per il club dov'è nato e cresciuto.

Se i brasiliani vorranno invece monetizzare di più, allora potranno aprire un tavolo per cederlo già durante l'estate. Come farà in seguito la Juve, anticipando di sei mesi il suo arrivo in Italia, grazie a tre milioni di indennizzo: una mancia per il disturbo, considerando il valore del giocatore.

A quel tempo, comunque, non ci sono ancora i moduli federali per scrivere, impossibile quindi preparare un contratto valido da firmare. C'è la parola, che comunque pesa talmente tanto da spingere Bertolucci a festeggiare con Kaio Jorge a cena.

«Complimenti, sei del Napoli adesso!»

Un brindisi e via, aspettando di poter formalizzare e magari scegliere pure il numero di maglia. In realtà, Giuntoli pensa anche a un possibile percorso intermedio, un prestito per farlo maturare in una piccola squadra, ma la volontà inderogabile è quella di giocarsela subito, «altrimenti vado al Benfica dove vogliono tenermi e lanciarmi senza paura», chiamatela personalità.

Nel frattempo, il procuratore interrompe i contatti con altri club, anche i collaboratori italiani Di Cesare, Spinosi e Mauri (Stefano, l'ex capitano della Lazio) sono sicuri di aver trovato nel Napoli la giusta destinazione in A per il loro assistito. E invece dopo quattro mesi ecco il colpo di scena. Un 23 maggio che a Napoli maledicono ancora per la mancata vittoria contro il Verona, al fotofinish salta infatti incredibilmente la qualificazione alla Champions. Meno introiti, meno budget, più restrizioni. E un inatteso bivio di mercato per il nuovo diamante del calcio verdeoro.

«Ci dispiace, non possiamo farlo più.»

La retromarcia spiazza l'entourage di Kaio Jorge, forte di quella promessa matrimoniale: il Napoli sparisce, evapora, disattendendo l'impegno preso.

Tutto in una notte, tutta colpa di quel pareggio amaro, bastava un gol in più per cambiare il destino di una stagione e di un acquisto già programmato: le chiamano *sliding doors*.

Bertolucci e la sua truppa vanno in panico, non sanno come dirlo al ragazzo, s'immaginano un futuro non più italiano e trattano di nuovo con il Benfica, con il quale però emergono troppi casini (anche presidenziali) per portare a termine la missione.

Riparte la giostra, telefonate e incontri, cercando di riaprire uno scenario in serie A. La prima visita è a Casa Milan, dove vengono esposte le condizioni richieste.

«Per bloccarlo adesso, chiediamo circa dieci milioni tra commissioni e salario.»

Dall'altra parte, Maldini e Massara. Silenziosi ma decisi.

«È troppo, grazie, ma così non può interessarci.»

Un muro, forse strategico. Che però mette in gioco la Juve, seconda società italiana a cui viene proposto Kaio.

«Fateci ragionare internamente, ma ci siamo.»

Con Ronaldo perennemente in bilico, Morata di nuovo in prestito, ci sono i presupposti per fare l'investimento su una punta giovane, cui promettere anche il giusto spazio. Dieci giorni dopo il Milan torna in corsa a sorpresa, persuaso dall'ex Serginho (sempre in ottimi rapporti con l'amico Maldini) che sarebbe un peccato non provarci seriamente.

«Riparliamone...»

I rossoneri sono molto convincenti, facendo breccia nella testa dell'attaccante che sogna lo sbarco in Europa: Giroud non è ancora arrivato, davanti c'è solo Ibra pieno di acciacchi e non certo eterno, ecco perché il gradimento tecnico è totale.

«Sarei l'unica alternativa a Zlatan, un grande campione da cui poter imparare, con tante possibilità di giocare.»

È l'analisi logica di un giovane, sì, ma con la testa da adulto. Chi lo conosce bene lo descrive «focalizzato»: le pressioni gli rimbalzano addosso, altrimenti non sarebbe stato scelto per la finale di Copa Libertadores con la 9 del Santos sulle spalle. A diciannove anni, titolare con la maglia che fu di Pelé. E persino campione del mondo Under 17, trascinando la Seleção con cinque gol. L'ultimo in finale contro il Messico, baciato dal destino, nello stesso stadio e nella stessa città (Gama) dove giocava il papà Jorge Ramos, non talentuoso come il figlio ma fondamentale per avergli trasmesso tutta la passione per il *futbol*. È Donna Atenas, però, a comandare la famiglia: la mamma gestisce ogni meccanismo e lo segue dovunque, pronta quindi a trasferirsi con il suo gioiellino in quella che diventerà la nuova casa. Milano o Torino, Juve o Milan, una sfida a suon di rilanci, con avvistamenti social che si trasformano in presagi.

«Te lo assicuro, ho visto Kaio Jorge con i suoi agenti al ristorante Legami (tra l'altro di proprietà Marchisio, ex giocatore Juve) alla Continassa: ha firmato, hanno festeggiato e poi è salito su una Porsche fiammante, sgommando via.»

È la soffiata ricevuta i primi di luglio nei messaggi diretti di Instagram. Un racconto verificato più volte e mai avvenuto nella realtà, rivelatosi però premonitore di un finale a tinte solo bianconere. La Juve infatti aumenta decisamente la sua offerta economica, assecondando anche la richiesta di un corposo premio alla firma, consuetudine in Sudamerica, che viene aggiunto e spalmato nei cinque anni di contratto. Rendendo la somma finale irraggiungibile per i paletti e i principi che si è imposto il Milan.

È lunedì 26 luglio: dalla segreteria sportiva della Juventus parte una mail ufficiale al Santos, nella quale si informa di aver iniziato formalmente una trattativa con il loro giocatore. Funziona così, quando mancano pochi mesi alla fine del contratto: avvisi la società di appartenenza, e di solito lo fai quando la scelta è compiuta, non sicuramente quando cominci a discutere. Comunque, per non lasciare nulla al caso, quella stessa sera da Torino parte il blitz che dovrà certificare la firma.

Matteo Tognozzi, promosso a vice di Cherubini dopo l'addio di Paratici, si imbarca per il Brasile, una missione per evitare tutte le trappole più sgradite. La prima arriva quasi in contemporanea con il viaggio organizzato per chiudere. Un fantomatico collaboratore del Santos, tale Sergio Canozzi, contatta noi di Sky Sport e la redazione portoghese di *O Jogo*, rilasciando alcune dichiarazioni che suonano come avviso ai naviganti.

«Il contratto di Jorge non scade il 31 dicembre, la verità è che esiste un rinnovo di altri due anni che lui ha già siglato. Chi lo vuole tratti alle cifre che chiediamo, di sicuro non lo svendiamo.»

Un messaggio che blocca per qualche giorno la macchina operativa, in attesa di risposte dai legali juventini.

La paura di restare coinvolti in un impiccio, nella prima operazione del nuovo corso targato Arrivabene-Cherubini, richiede verifiche appropriate e a prova di ricorsi. Il parere degli avvocati non lascia spazio a possibili cause giuridiche: la Fifa non riconosce i contratti firmati prima del compimento della maggiore età che abbiano una durata superiore ai tre anni. E Kaio Jorge, da minorenne, poteva legarsi al Santos solo fino alla fine del 2021. Pericolo scampato, Tognozzi può proseguire nell'obiettivo e alla fine risulterà determinante per il modo e i toni con cui farà sentire Kaio Jorge coccolato e prezioso, inducendolo con naturalezza a dire definitivamente sì alla Juve.

Non resta che trovare allora una soluzione per portarlo subito da Allegri, senza aspettare Capodanno. Il Santos, sentendo il nome Juventus, ci prova e spara alto.

«Vogliamo sei, sette milioni o resta qui fino a gennaio.»

Ma Bertolucci vanta diversi crediti da quelle parti e in pochi giorni confeziona su misura un trasferimento indolore per tutti. Un milione e mezzo subito, la stessa cifra alla qualificazione Champions, più un altro bonus legato alle presenze. In più, i brasiliani conserveranno il cinque per cento su una futura rivendita e avranno la priorità per eventuali futuri prestiti del calciatore in Sudamerica.

Tutti felici e contenti, soprattutto Massimiliano Allegri che al primo faccia a faccia lo accoglie simpaticamente a modo suo, nei corridoi del J|hotel.

«Dai, adesso sbrigati, eh, che ti devi allenare…» con

quella parlantina livornese che fa sorridere il talento che studia da crack.

Telefonino sempre in mano, testa bassa, occhi di ghiaccio, poche chiacchiere: lo sguardo si alza solo all'ingresso dello Juventus Stadium, la prima volta dentro è una piacevole sorpresa, magari pensando a quando sarà pieno e i tifosi invocheranno il suo nome. I connazionali Arthur e Alex Sandro lo aspettano, pronti ad aiutarlo nell'inserimento, anche nello spogliatoio. Dove in realtà Kaio Jorge non avrà bisogno di chissà quali presentazioni, nemmeno per salutare Cristiano Ronaldo, il fuggitivo.

© Ig @kaiojorgeramos.

Il record

Per l'addio di CR7 serviranno nuove pagine, intanto a Milano il classico temporale estivo rinfresca l'aria, è l'ultimo venerdì di luglio. Lukaku, avversario di Ronaldo nell'ultima classifica dei cannonieri, ci pensa da giorni e giorni, è combattuto ma alla fine sceglie di andare.

«Perdonami, Mister. So che contavi su di me ed è per questo che sei la prima persona a cui voglio dirlo, devo ancora comunicarlo alla società: ho deciso, vado al Chelsea, torno dove posso magari lottare per vincere il Pallone d'Oro.»

Simone Inzaghi resta senza parole, la voce fatica a uscire, come capita dopo alcune partite vissute gridando a più non posso in panchina. Gli avevano promesso che l'unico big a non essere ceduto sarebbe stato proprio Romelu, un impegno che i dirigenti dell'Inter si erano assunti anche con i tifosi infastiditi e preoccupati dall'addio di Conte, il più veloce ad andarsene dopo aver fiutato il possibile fuggi fuggi.

A dir la verità, il contestatissimo Zhang, tornato in Cina poco dopo aver vinto e festeggiato lo Scudetto, era stato molto chiaro con i suoi manager nell'esposizione degli obiettivi minimi per la stagione in arrivo.

«Nessun obbligo di lottare per il titolo, importante arrivare almeno quarti in campionato. Terzo posto nel girone di Champions ed eventuale finale di Europa League. Coppa Italia da provare a vincere. Con una riduzione dei costi che deve raggiungere il quindici per cento e un attivo dalla campagna trasferimenti di circa cento milioni.»

Della serie, vendere uno o due giocatori importanti, liberarsi di alcuni contratti pesanti, cercare di essere comunque competitivi ma senza l'ossessione di dover centrare il secondo titolo di fila in A o stupire in Coppa Campioni, nemmeno lontanamente tra i traguardi prefissati. È in quel momento che Conte decide di lasciare, quando capisce che la freccia Hakimi sarebbe stata ceduta al miglior offerente e forse non sarebbe rimasto l'unico sacrificio. Il pendolino arrivato dal Marocco se ne va così alla velocità della luce, la sfida Psg-Chelsea viene risolta dallo stesso giocatore.

«Se mi porti a Londra sono felice, ma se invece andiamo a Parigi... sarei felicissimo!»

È il messaggio mica tanto in codice recapitato al suo agente Alejandro Camaño, un protagonista dell'estate nerazzurra che ritroveremo anche più avanti, grazie alla presenza di Lautaro tra i suoi assistiti. Sessantotto milioni più tre di bonus, e *rien ne va plus*: Hakimi sceglie il Psg e lascia l'Inter dopo appena una stagione, è a questo punto che i dubbi di Lukaku iniziano a materializzarsi.

Già qualche mese prima, con Antonio Conte ancora in sella, Big Rom si era sentito in dovere di chiedere alla società un piccolo regalo.

«Vorrei giocare con mio fratello Jordan, potrei aiutarlo in un momento difficile della sua carriera. E mi piacerebbe tornasse anche Valentino Lazaro: con loro nel gruppo mi sentirei ancora più a casa, come in una vera e propria famiglia.»

La risposta, però, è poco incoraggiante: con l'altro Lukaku poi rimasto alla Lazio senza essere molto considerato, mentre Lazaro ancora prestato e questa volta al Benfica. Di sicuro mai Lukaku ne fa una questione di soldi per sentirsi più coccolato: non si presenta a batter cassa come tanti suoi colleghi, conosce le difficoltà della società ed evita di legare la sua permanenza a un rinnovo di contratto peraltro inattuabile. Finisce gli Europei e va in vacanza, pensando di tornare a Milano, sì, ma sapendo che qualcosa potrebbe davvero succedere, avvisato dal suo procuratore di movimenti importanti in arrivo da Londra.

Alt, «Lukaku non si vende»: questo però è il ritornello più in voga nei dialoghi privati e pubblici in Casa Inter, anche se gli spifferi iniziano a circolare. A metà luglio ricevo tre chiamate e diversi messaggini.

«Il Chelsea farà di tutto, si sta già svenando: è arrivato a cento milioni.»

Un aperitivo di quel che sarebbe poi davvero successo. Come faccio sempre, parto con la doppia verifica incrociata e mi becco subito le reazioni accalorate della dirigenza.

«Lukaku non si tocca! Per noi non è sul mercato, capito?!»

Sì, e capisco anche di aver scoperto un nervo evidentemente già toccato dalle mosse preventive del suo agente Federico Pastorello.

«Se poi ci portano centocinquanta milioni, per dire una cifra indecente, e il giocatore si presenta in conferenza stampa, annunciando di essere lui a voler lasciare l'Inter, allora si prenderà le sue responsabilità per l'eventuale addio.»

Insomma, caro Lukaku, adesso sono cavoli tuoi se davvero te ne vuoi andare. E ci vorranno almeno due settimane, compreso il ritorno alla Pinetina con tanto di foto abbracciato a Inzaghi, per fargli metabolizzare una scelta che in cuor suo Romelu cerca sempre di rinviare o ritardare. Fino a quando non si rende conto che: Abramovich sta battendo il guinness di spesa per riaverlo, lui tornerebbe in Premier da assoluto protagonista in un club che ha in bacheca l'ultima Champions e vinto diciannove trofei nelle ultime diciassette stagioni, il ridimensionamento dell'Inter (come progetto tecnico) stride in maniera evidente con le ambizioni di una società in continua crescita e già all'apice del successo. Guadagnando anche di più, che non fa mai male, senza comunque sfiorare quei salari faraonici che il City gli offre in primavera. «No, thank you...» Primo perché in quel momento c'è un campionato da conquistare senza distrazioni, secondo perché Manchester non è Londra, terzo perché i soldi non erano e quindi non sono in cima alla sua personalissima classifica. Per essere ancora più chiari e precisi: in questa stagione, Lukaku avrebbe percepito otto milioni e mezzo netti dall'Inter, mentre al Chelsea il bonifico annuale sarà di «appena» due milioni in più nel primo anno di contratto, per un massimo di dodici (bonus compresi) nei successivi. Ovvero una maggiorazione del trenta per cento, non il doppio come gli avrebbe promesso Guardiola a inizio aprile.

«Io voglio continuare a vincere» si ripete e ripete il gigante belga a chi gli sta vicino, soprattutto dopo aver parlato al telefono con Thomas Tuchel, l'allenatore fresco di vittoria in Coppa Campioni con i Blues, proprio contro Pep.

«Posso essere l'ultimo tassello perfetto di una squadra già fortissima. E poi per me, Stamford Bridge è speciale: sognavo di giocare in quello stadio da ragazzino, non sono ancora riuscito a realizzarmi con questa maglia in passato, e adesso stanno impazzendo pur di riprendermi...»

Non servono altre parole per chiudere le valigie e aspettare il via libera. Che però sarà più convulso del previsto. Intrecciandosi tra l'altro con il destino del suo compagno d'attacco, Lautaro Martinez.

Il mercato delle punte si scalda esattamente in quelle ore, quando l'argentino riceve una chiamata da Simeone: il Cholo ha un debole per lui da quando l'Atletico provò a comprarlo nel Racing, beffato poi dall'Inter ai supplementari.

«Stai fermo, non ti muovere che ti porto qui, dammi solo il tempo di completare qualche cessione e ci presentiamo dall'Inter con un'offerta» che invece arriva prima dalla Premier.

L'Arsenal propone un pacchetto comprensivo di soldi più Lacazette, ma la corte dei Gunners non scalda il club e tantomeno il giocatore. Chi fa sul serio è invece Paratici con il Tottenham, pronto a mettere sul piatto settantacinque milioni di sterline più quindici di bonus. Boom. Un modo per cautelarsi in caso di cessione al City per Kane, ma anche la volontà di prendere a prescindere un'altra punta: è troppo ghiotta l'occasione di fare la spesa in casa di una società costretta a vendere un altro pezzo pregiato. Sale la tensione, c'è chi spinge per cedere subito Lautaro così da provare a trattenere Lukaku, mentre i vari intermediari all'opera corrono contro il tempo perché sanno che la prima operazione definita bloccherà inevitabilmente l'altra. A decidere la sfida ci pensa proprio il Toro Martinez con uno di quegli assist che di solito riserva in campo al suo partner.

«Non vado in Premier: o Madrid o niente, preferisco a quel punto restare qui e rinnovare, poi l'anno prossimo si vedrà...»

È uno stop definitivo che infatti tramuterà questa decisione in un nuovo accordo sancito tra Ausilio e Camaño (di nuovo in forma dopo qualche problemino fisico), beccati al ristorante milanese Le Muse a concordare cifre e dettagli di un prolungamento a sei milioni netti.

Resta quindi da trovare l'intesa tra Inter e Chelsea per Lukaku, mica facile. Soprattutto dopo aver fatto scoppiare il caso su Sky Sport, e senza troppi giri di parole.

«Vuole tornare a Londra!»

Una scelta bella e fatta, comunicata prima all'allenatore e poi ai dirigenti, a dir poco furiosi. Me ne accorgo dai toni dei messaggi ricevuti direttamente dalla sede nerazzurra.

4 ago 2021

Non basta! Anche Kane vuole andare! Ma bisogna fare i conti con l'oste! Hanno fatto una sola proposta respinta!!!
21.07

Sì sì, l'abbiamo detto! Nel caso devono accontentare le vostre richieste
21.08

Ma non basta! Ci vogliono i soldi!!!
21.21

Il wapp con più punti esclamativi che abbia mai collezionato sul mio telefonino. E che certifica comunque l'addio: restano da trovare solo modalità e condizioni. Iniziano giornate di forte tensione e frizione tra le parti, Marotta e Ausilio ce l'hanno con Pastorello, perché pensano che il procuratore abbia influenzato Romelu a cambiare l'idea iniziale di voler restare. Capiranno presto che è stato lo stesso giocatore ad accendere il semaforo verde, anzi blu, dopo essersi reso conto di come e quanto fosse desiderato da quelle parti.

Sui social è caccia al colpevole, fioccano offese e minacce sui profili del calciatore e del suo manager, non mancano le critiche anche per chi racconta la trattativa. Ma ormai ci ho fatto l'abitudine, pazienza. Dopo la prima offerta respinta (cento milioni più Alonso), si alzano ancora i toni, questa volta anche tra i due club.

«Per un po' non faranno affari tra di loro, vedrai.»

È la sintesi finale. L'Inter accusa il Chelsea di aver esageratamente spinto per un giocatore che non era in via ufficiale sul mercato, e con ancora tre anni di contratto in essere.

«Non si fa così: o ci date centoquindici o ve lo scordate!»

L'ultima cifra diventa quindi il compromesso giusto per completare l'opera. Da Londra accettano, rifiutandosi poi di inserire il prestito di Zappacosta per abbassare leggermente il cash. Una proposta che Marotta e Ausilio considerano un segnale distensivo, ma che invece viene respinta dalla rocciosa Marina Granovskaia, decisa a far valere la legge dei più forti perché ricchi. La misteriosa donna che gestisce il club di Abramovich è un osso duro, combattente di carattere ed estremamente intelligente. L'astuzia è il suo pregio, difficile metterla in un angolino, sa sempre come rispondere e mai ti fornisce la sensazione di voler fare l'operazione a tutti i costi. Lavora nell'interesse della proprietà e cerca di non andare oltre certi limiti di spesa, lo dimostra il tetto ingaggi. Adesso poi conosce sempre meglio il mercato e in un mondo (calcistico) prettamente maschile, imporsi non è una passeggiata.

«Volevate centoquindici milioni? Eccoli...» che poi sarebbero centodiciassette e mezzo considerando il contributo di solidarietà preso in carica dagli inglesi.

Record su record: mai l'Inter aveva incassato tanto da una vendita, mai il Chelsea aveva speso una cifra simile per comprare un calciatore, mai in serie A un giocatore era stato ceduto a valutazioni del genere, l'ultimo, Pogba, a centocinque: riacquistato a peso d'oro dallo United dopo averlo perso a zero. Un percorso non troppo diverso da quello targato Lukaku, strappato dall'Everton al Chelsea per trentacinque milioni nel 2015 e tornato sei anni dopo in Blues per ottanta in più. Sarà un tipico vizio, chiamatelo pure errore, del mercato britannico: *yes, Italians do it better.*

L'affare

È più difficile pronunciare esattamente il suo nome che comprarne il cartellino. Eldor Shomurodov. Un metro e novanta di tecnica e velocità, pescati in Uzbekistan da quella vecchia volpe di Enrico Preziosi, il presidente dall'istinto più affinato in tema di talenti. Lui li compra (bene) e li rivende (benissimo) quasi subito, tanto da far incazzare e ormai rassegnare i tifosi del Genoa, adesso forse più felici con la nuova proprietà americana: è andata sempre così in questi anni, nemmeno il tempo di affezionarsi e il proprio idolo veniva sacrificato sull'altare di bilanci e plusvalenze.

Come Shomurodov, pagato sette e rivenduto a diciotto nel giro di dieci mesi alla Roma, in barba a qualsiasi pubblicità che garantisca facili guadagni con investimenti finanziari.

Preziosi, è innegabile, ha una sensibilità calcistica fuori dal comune. Mista a quella rapidità nell'esecuzione tipica di un killer da area di rigore. Il cross in questione arriva dopo cena, poco prima di mezzanotte, quando il 23 settembre 2020 sta per passare il testimone al 24. Valerio Giuffrida, fratello di Gabriele (agenti da sempre in ottimi rapporti con il Prez, gli stessi ad aver realizzato l'affare Piatek), sta camminando nervosamente per il salone di casa e non sa come comunicargli che il trasferimento di Antonio Sanabria dal Betis al suo Genoa è saltato all'improvviso, alla vigilia delle visite mediche previste per la mattina seguente. Sono quelle situazioni in cui sembra che nessuno possa venirti in soccorso, forse in questo caso solo il destino.

«Presidente, abbiamo un problema!» con quella voce seria ma decisa per non farsi sentire debole da un mangiafuoco come Preziosi.

«Quale, Valerio?» cadendo davvero dalle nuvole.

«Sanabria rimane al Betis. Ma prima che lei parli, le mando un filmato di un giocatore russo…»

Gli avesse detto uzbeko, non avrebbe nemmeno finito la telefonata. Il video è lungo poco più di tre minuti ed è stato confezionato da Carlo Ienca, che l'ha visionato e segnalato durante il primo lockdown. Allo scoccare dei centoventi secondi, parte la chiamata.

«Portamelo!»

Una folgorazione che rende l'operazione tanto facile quanto veloce. Il suo agente, German Tkachenko, un punto di riferimento in Russia, si presenta il giorno dopo nella sede del Rostov e in mezzo pomeriggio apparecchia la tavola.

«Vogliamo otto milioni sull'unghia.»

È la richiesta del club. Esattamente uno in meno rispetto ai nove chiesti alla Samp due mesi prima. Sì, proprio alla Sampdoria, la prima italiana a cui fu proposto, ma in quel momento senza la possibilità economica e forse la voglia di fare quel tipo di spesa. A Genova ci finirà davvero il timido uzbeko, ma con la maglia dei rivali.

«Ve ne diamo sette, aggiungendone due di bonus: uno legato ai gol e agli assist, l'altro alle presenze.»

Maturato solo il primo, per la cronaca. Affare fatto quindi, in un baleno. Con qualche legittimo dubbio emerso nell'incontro programmato per la firma, in sede al Genoa, quando si scopre che Eldor non parla nemmeno una parola d'inglese.

«Vi rendete conto che dovremo comunicare a gesti, sì?»

È la spietata riflessione di Zarbano, l'uomo dei conti, rivolto ad agenti e intermediari in rigoroso silenzio. Per un attimo, il sangue dei diretti interessati si gela temendo una rabbiosa retromarcia, preoccupazione svanita alla decisione di cercare con urgenza un insegnante privato da convocare seduta stante.

«Quando l'Atalanta prese Miranchuk, Percassi ha voluto conoscere sia il ragazzo che i genitori, contattandoli almeno tre volte. E Preziosi di solito fa lo stesso...» pensano gli agenti. Ma in quel periodo il presidente è molto impegnato e desiste, anche per la fretta, dal voler organizzare un faccia a faccia con il suo futuro attaccante.

«Magari l'avrebbe mollato non potendoci scambiare quattro chiacchiere...»

E invece Shomurodov arriva, benedetto anche dal nuovo ds Daniele Faggiano (che già lo seguiva) e dando subito una spallata a Balotelli, nel mirino del presidente ma non voluto da dirigenti e allenatore.

«Per favore, trovate qualsiasi attaccante sul mercato da consigliare al Pres, altrimenti me lo prende davvero!»

È la preghiera notturna di Rolando Maran, ufficializzato da poco in panchina, ai Giuffrida. Che inoltrano quel video dell'uzbeko anche a lui, ottenendo l'immediato semaforo verde. Bocciato così SuperMario, il bad boy che fa poco gruppo giocando per conto suo, e promosso invece Eldor, il ragazzo d'oro che in campo fa venire il mal di testa agli avversari.

Fuori, viene descritto riservatissimo: uno che si esprime sorridendo e contagia tutti quelli che gli stanno vicino, anche solo con un piccolo gesto. Per esempio, ogni suo messaggino inizia con quel «buongiorno» o «buonasera», che ha imparato subito e non dimentica mai, perché l'educazione è il suo primo comandamento. Ecco perché la foto negata allo steward del volo Genova-Fiumicino ancora oggi lo fa star male.

È il 31 luglio dell'estate più azzurra della storia, cappellino e mascherina per non farsi riconoscere: lo aspettano a Villa Stuart per i test medici, ma la Roma gli ha espressamente chiesto di non farsi vedere ed evitare ogni possibile contatto, sia mai. Mentre viaggia, il pensiero è stupendo e coinvolge solo il suo futuro allenatore, José Mourinho.

«Non vedo l'ora di conoscerlo ed essere guidato da lui...» ripete in un ritornello quasi romantico.

Una volta atterrati, quando nessuno sembra essersi avvicinato e la missione segreta ormai completata, si aprono i portelloni dell'aereo e si materializza il classico tifoso in divisa.

«Benvenuto a Roma, Eldor! Possiamo, un selfie?»

E torna subito in mente l'input ripetuto più volte alla partenza.

«Non dovete fermarvi con nessuno, mi raccomando!»

Manco fosse James Bond. Il telefonino è già pronto per scattare, ma... ecco il «no» secco e intransigente, una doccia ghiacciata per il povero fan aeroportuale, che solo adesso forse capirà e magari perdonerà il suo nuovo idolo.

In serie A, Eldor Shomurodov diventa famoso per qualche gol di pregevole fattura, otto nella sua prima stagione con il Genoa, ma soprattutto per le immagini diventate virali di un bimbo uzbeko chiamato Maxim. Le sue telecronache appassionate, con tanto di maglietta rossoblu addosso, fanno il giro del web e rendono d'incanto affascinante questo ragazzone che a stento apre bocca e dice «ciao» in televisione. A Roma, lo vuole soprattutto Mou, sponsor principale dell'acquisto, tanto da preferirlo al più reclamizzato Alexander Sørloth del Lipsia, bloccato da giorni in prestito con diritto a venti milioni.

«Prendetemi l'uzbeko o Azmoun. Ho bisogno di profondità e rapidità, queste sono le mie prime due scelte. L'altro è troppo simile a Dzeko e io ho già il mio target man.» Tradotto: l'uomo d'area di rigore, finalizzatore per eccellenza.

Tiago Pinto inizia a informarsi, proprio nei giorni in

cui Preziosi a Ibiza pregusta invece un'altra super vendita a gennaio.

«Quest'anno spaccherà ancora di più e lo cederemo a trentacinque milioni come Piatek al Milan» fregandosi le mani sul dondolo della sua villa. «La Roma lo vuole in prestito? Cosa? Ma andate a quel paese!»

Parte così una giostra che dura dieci giorni tra incontri, telefonate e incastri vari proposti da Gabriele Giuffrida.

«Allora, Enrico, potresti fare così: vendi lui a venti e compri subito Supryaga dalla Dinamo Kiev a otto: è più giovane e forse in prospettiva più forte, così ne prenderai trenta nel prossimo mercato.»

Il giro d'azzardo intriga il presidente, che va avanti con la Roma e trova un principio d'accordo da limare poi nei dettagli. Quando arriva il momento di Supryaga, però, il suo amministratore lo blocca.

«Non possiamo farla, dovremmo esporci troppo a livello finanziario.»

Ma ormai, a quel punto, Shomurodov non può saltare più, gli impegni presi con Tiago Pinto sono a prova di ripensamento. E anche il giocatore, fino ad allora tenuto all'oscuro dai suoi agenti, può essere avvertito.

«Vai da Mourinho!»

Il suo idolo da bambino. Quello per cui, pochi mesi prima, aveva detto: «Vorrei andare al Tottenham, solo per essere allenato da lui». Una fissazione, divenuta ossessione nel 2019 a Mosca, quando il suo procuratore lo chiama all'improvviso.

«Raggiungici in questo ristorante, c'è una sorpresa per te.»

Proprio José Mourinho, il sogno di una vita, in Russia per commentare una partita, e pronto per una foto-ricordo da conservare gelosamente sull'account Instagram: quegli occhi brillanti e quel sorriso felice sono proprio i suoi, quelli di Eldor Shomurodov, allora quasi sconosciuto attaccante della Premier Liga russa e oggi incredibilmente agli ordini della sua icona calcistica.

© Ig @shomurodov.eldor.

«Ne faremo un'altra di foto insieme, magari dopo aver vinto qualcosa di importante. E tu dovrai aiutarci a raggiungere i traguardi che abbiamo nel mirino.»

È il benvenuto in giallorosso di Mou al suo giovane pupillo in estasi. Così emozionato da non riuscire nemmeno a muovere le labbra.

In tanti hanno provato a corteggiarlo già da gennaio, ma solo la Roma facendo davvero sul serio. Promettendogli un matrimonio felice e cambiando ai titoli di coda solo la formula (da prestito con obbligo a definitivo con bonus che scatta al primo punto del 2022), per sbloccare più indice di liquidità possibile per il Genoa e senza comunque toccare l'impalcatura economica stabilita: un milione e mezzo subito, altri sedici a partire dalla prossima stagione, più vari bonus e il dieci per cento sulla futura rivendita.

Più facile sicuramente ricordarsi nome e cognome, giurandosi amore e fedeltà senza troppe condizioni.

Il caso

Non è mai scattato veramente il colpo di fulmine, hanno convissuto a tratti sopportandosi, lasciarsi è stata la più logica e naturale conseguenza.

Ronaldo e la Juve, un'estate da separati in casa prima del divorzio, sorprendente e improvviso solo per le tempistiche. Già dalla fine dello scorso campionato, gli scricchiolii: CR7 che chiede di non giocare l'ultima a Bologna, che si allena poco con il gruppo e quasi sempre dal venerdì, che scende in campo per le esercitazioni tattiche solo quando durano il minimo sindacale. Una voce, e che voce, fuori dal coro. Ma dentro il campo, comunque, un assegno circolare da trenta gol e passa a stagione.

«A Torino non tornerà più, sta preparando i pacchi per il trasloco, fidati.»

Da maggio in poi tutti sanno o pensano di conoscere il futuro di Ronaldo. C'è chi lo vede già a Parigi a immortalarsi vicino alla Torre Eiffel, chi di ritorno a Madrid, oppure sulla via di Manchester. A prescindere, lontano da quella Juve in cui non si riconosce più. La miscela esplosiva è reciproca, soprattutto dal giorno in cui Allegri torna sulla panchina bianconera. La formazione studiata a tavolino è già orfana del campione portoghese.

«Dobbiamo costruire una squadra che ricominci a giocare da collettivo.»

È la confidenza di Max a vecchi amici e nuovi compagni di viaggio, una sentenza avvalorata dalla consapevolezza che lo stesso Ronaldo si sarebbe mosso, attraverso il suo potente agente, per trovare una soluzione al caso.

«Prima o poi se ne andrà, vedrai.»

La sensazione assomiglia più a un certezza, ipotizzata da mille scambi solo sulla carta (stampata), frutto di operazioni mai realmente nate.

«Se va al Psg, Icardi arriva alla Juve. Anzi Pogba può essere la chiave giusta in un'operazione con lo United!»

Il mercato degli scenari che a volte si realizzano. Ma non in questa, intricata, vicenda. Perché il destino di CR7 risulta presto prigioniero di uno stipendio da capogiro pattuito ai tempi del suo sbarco a Torino: trentun milioni netti, sessanta lordi, per gli ultimi dodici mesi di contratto. Più altri trenta per salvaguardare il bilancio ed evitare una spiacevole minusvalenza. Ecco perché la missione di Jorge Mendes, il procuratore più famoso al mondo, diventa giorno dopo giorno più difficile del previsto.

L'Europeo intanto finisce presto per Cristiano, iniziano le lussuose vacanze con Georgina e i suoi figli, ma le vie di uscita restano sempre proibitive. Tanto che Allegri comincia seriamente a pensare che il piano previsto possa davvero slittare all'estate 2022, quando la Juve sarà di nuovo libera di costruirsi il futuro. Pure chi sta accanto a CR7 vacilla, ma non demorde.

«Vuole ancora andare via sì, però è molto complicato: deve accettare almeno di ridursi lo stipendio, perché Psg o United non arrivano a coprire nemmeno la metà...»

E ai soldi garantiti nessuno, tantomeno lui, vuole facilmente rinunciare.

Mendes è sotto pressione, chiama il mondo, si sbatte giorno e notte con i suoi mille cellulari per evitare di far rientrare il suo assistito in ritiro alla Continassa, eppure non ci riesce. Cristiano torna, sorride poco, trascura la parola «Juve» sui social, continua a dare l'impressione di restare perché costretto, non perché lo voglia davvero.

E si rende conto, da solo, che le chance di partire si riducono di giorno in giorno. A maggior ragione quando, il 5 agosto, si consuma la clamorosa rottura tra Messi e il Barcellona. Nonostante l'accordo raggiunto sul rinnovo, il tesseramento risulta formalmente impossibile per i paletti imposti dalla Liga, troppi i debiti che il Barça non è riuscito a coprire. Finisce così tra le lacrime una lunga storia d'amore, ma si apre subito la ricchissima porta parigina per Leo, chiudendosi contemporaneamente per il rivale di sempre.

«Prendendo Messi, addio Ronaldo per il Psg: non li

metteranno mai insieme nella stessa squadra, sia perché a Cristiano non va proprio giù Messi, sia perché si romperebbero gli equilibri.»

La previsione di chi conosce bene entrambi non lascia scampo al tanto reclamizzato ultimo tango a Parigi.

«Se Mbappé va al Real, però, allora il portoghese può ancora sbarcare in Francia.»

Un giro che viene subito stoppato prima ancora di potersi eventualmente realizzare. Basta chiedere in quei giorni a chi comanda dentro il Psg per sentirsi dire con fermezza e convinzione assoluta: «A prescindere da Mbappé, Ronaldo da noi non arriverà».

E così sarà. Tuttavia, il clamore mediatico scaturito dalla nuova roboante avventura di Messi colpisce e impatta sull'orgoglio del suo acerrimo nemico: l'argentino infatti finisce nell'unica casella di mercato ancora libera, quella che CR7 sperava fino all'ultimo di occupare.

«Dobbiamo trovare per forza un'altra soluzione.»

L'ordine a Mendes sembra più una preghiera, il grido di disperazione nato dalla storica competizione a suon di Palloni d'Oro.

A Torino, intanto, negli uffici juventini sono perfettamente consapevoli che Cristiano voglia continuare a cercare altri e nuovi pretendenti.

«Jorge si muove da due mesi tra Psg, Real, City e United. Una settimana fa ci parlava addirittura di Barcellona... oggi era ancora possibilista sull'ipotesi trasferimento. Gli abbiamo ricordato che non è libero e deve comunque parlarne con noi per le varie condizioni.»

Il messaggio è del 17 agosto, a due settimane esatte dal gong finale per le trattative, cinque giorni prima del debutto in campionato a Udine. E alla vigilia della trasferta in Friuli, il sabato mattina, Allegri prende da parte la sua anima in pena.

«Devi dirmi che vuoi fare, io in conferenza voglio parlare con chiarezza del tuo futuro.»

Trovandosi davanti un Ronaldo quasi rassegnato.

«Resto, Mister. Conti pure su di me.»

Senza far brillare gli occhi, ma con quel minimo di convinzione che autorizza l'allenatore a ufficializzare davanti alla stampa la fine del tormentone. In quella settimana, peraltro, il sette più famoso al mondo si è allenato benissimo e duramente, come mai nella sua esperienza italiana. Così tanto da essere davvero affaticato per iniziare titolare all'esordio: Ronaldo parte infatti dalla panchina, lo scalpore è immediato, eppure la versione ufficiale coincide – anche a distanza di tempo – con la realtà, trattandosi di «scelta concordata, in un percorso di rimessa in forma per l'inizio stagione». Allegri lo inserisce poi nel finale, lui risponde segnando il gol vittoria annullato dal Var, e nei giorni successivi Max continua a sfidarlo nell'orgoglio, vedendolo con i pensieri ancora per aria, sempre tentato dalle nuove voci d'addio.

«Mettiti con la testa giusta per rimanere qui con noi, Cri! Ma non vedi che offrendoti in giro per il mondo a tutte le squadre perdi di valore e di appeal? Sei Ronaldo! Nessuno oggi può prenderti davvero, lascia perdere: te ne andrai l'anno prossimo, libero di sceglierti il posto migliore per continuare la tua fantastica carriera.»

Schietto e sincero come sempre Allegri, il dna toscano nel sangue. Nelle vene di Mendes, invece, scorre quell'innato e diabolico istinto per gli affari e le soluzioni da labirinto, così nasce la machiavellica idea di riproporlo al City, orfano del colpo Kane.

«Solo a zero, senza pagare il cartellino. Solo se vendiamo Sterling. E solo con un anno di contratto a quindici milioni di sterline.»

Le condizioni imposte da Guardiola e dai suoi dirigenti sono una strada in ripida salita, che inducono comunque Mendes a volare con il jet privato a casa del suo pupillo a Torino per fare il punto della situazione, anche con la Juve. È mercoledì sera, il 25 agosto, la campagna acquisti e cessioni chiude tra meno di una settimana. Il confronto con i piani alti bianconeri è costruttivo, ma con toni piuttosto decisi.

«Offerte formali da valutare non ne abbiamo. Portacele e decideremo, di sicuro alle nostre condizioni!»

Che poi magari saranno riviste nelle ultime ore, ma non prevedono il via libera senza un indennizzo economico da concordare con l'eventuale club acquirente. A Manchester peraltro monta l'effetto City, con i tifosi avversari su tutte le furie a bruciare le maglie dei Red Devils con la scritta Ronaldo dietro. Vederlo nel derby senza la divisa rosso fuoco con cui è esploso da ragazzino manda in tilt ogni meccanismo logico.

Succede tutto in poche ore, tra giovedì notte e venerdì mattina: lo stesso United che non aveva mai affrontato il tema CR7 nei dialoghi di mercato con Federico Cherubini decide che non può vederselo sfilare davanti con l'altra squadra della città. Interviene il connazionale Bruno Fernandes a fare da apripista, poi persino Sir Alex Ferguson, che chiama personalmente il suo allievo prediletto.

«Torna da noi, ti aspettiamo qui!»

Neanche il tempo di dirlo e Cristiano sfreccia al campo di allenamento dove di lì a poco è prevista la rifinitura pre Empoli. Entra negli spogliatoi, richiama l'attenzione di tutti e saluta, un vero e proprio addio.

«Vi ringrazio per questi tre anni, in particolare voglio dedicare una parola in più all'allenatore che mi ha sempre detto le cose in faccia: seguitelo, con lui farete bene anche senza di me...»

Scatta un applauso e vengono immortalate alcune foto ricordo, nessuna lacrima e poche emozioni vere. Altre separazioni con giocatori meno importanti hanno lasciato un segno affettivo molto più sentito in quel luogo sacro. Una pacca sulle spalle e via verso l'aeroporto, quando in realtà nulla è ancora firmato o vicino a esserlo tra i due club, che hanno appena iniziato i primi scambi di mail previsti dalla negoziazione. Ma è così quando campioni del genere dicono basta e se ne vanno, nulla si può fare per trattenerli. Sono loro a decidere il proprio destino, stessa scena capitò ai tempi di Tevez nel 2015.

«Lasciatemi andare, voglio giocare di nuovo nel Boca Juniors.»

Fu in quell'occasione che, presi dal panico per evitare un buco di bilancio, i bianconeri strapparono in cambio quattro opzioni tra i giovani talenti argentini, compreso l'ormai affermato Bentancur.

«Non gioco più, vado via» canta Mina e persino Ronaldo la prende in parola. Volato nella sua Lisbona, aspettando l'intesa tra United e Juve dopo il biennale a venticinque netti concordato invece tra la società inglese e Mendes. La coppia Arrivabene-Cherubini parte sempre da trenta milioni per il cartellino e non affronta mai possibili scambi con Cavani o Pogba: il nuovo corso aziendale prevede infatti meno operazioni alla Pjanic-Arthur e un tetto salariale che deve stare vicino ai dieci netti di stipendio annuo, non di più. Si chiude a metà strada con alcuni bonus (quindici più otto) un accordo che permette alla Juve di abbassare notevolmente il monte ingaggi, ma senza evitare una leggera minusvalenza che impatta sul bilancio 2020/21, provocando invece effetti positivi su quello in chiusura nel 2022.

Cristiano ritrova immediatamente il sorriso a Manchester, Allegri riporta a casa Kean e nulla può fare di diverso. L'unico e ultimo tentativo in extremis è per il talentuoso centrocampista del Monaco, Tchouameni, per il quale viene proposta una formula per niente gradita, stile Locatelli, con prestito e obbligo di riscatto futuro a determinate condizioni. Un emissario inviato da Cherubini resta a Montecarlo fino allo scadere delle 20, ma non ci sono aperture: magari l'affare è solo rinviato alle prossime sessioni in calendario, quando non ci sarà un addio di Ronaldo da gestire proprio nel finale. E le lancette che rincorrono le trattative scandiranno il tempo più lentamente.

La favola

L'ultima notte di mercato sembra infinita, non si dorme davvero, nascono sogni all'improvviso e si possono realizzare persino le favole. Perché nel calcio, Cenerentola perde la scarpa con i tacchetti e il Brutto Anatroccolo diventa un cigno con la maglia rossonera numero trenta.

È la sera in cui il 30 agosto passa velocemente la palla al 31, per le venti ore finali di trattative: un ragazzo brasiliano non più giovanissimo, che si chiama quasi come Messi e il cui cognome evoca sacri paragoni, corona un desiderio su cui forse nessuno avrebbe scommesso un centesimo. Nemmeno l'agente a cui chiedeva da tempo il miracolo.

«Ti prego, portami al Milan! Sono felice mi voglia il Torino, per carità, c'è Juric che stravede per me, ma solo giocando nel Milan posso sperare di andare in Qatar. Ai Mondiali. Con il Brasile.»

Una chiamata che farebbe impazzire Ipatinga, il comune nello Stato del Minas Gerais dove il 13 maggio 1991 nasce Junior Walter Messias. L'ultimo acquisto del Milan, il più discusso, anche inizialmente osteggiato, ma fortemente voluto e con radici così lontane che fanno rima con segni del destino.

Il 23 gennaio 2017, infatti, Paolo Maldini non è ancora un dirigente del Milan, ma lo diventerà un anno e mezzo dopo. È una leggenda per quanto ha vinto sul campo e si diverte da papà a tempo pieno. Quella domenica fa freddo, anzi si gela, e allo stadio Breda di Sesto San Giovanni gli occhi e i flash dei presenti con guanti e cappellino sono tutti per lui. Paolo è in tribuna per accompagnare Christian, il figlio più grande che ha appena lasciato una squadra maltese per firmare con la Pro Sesto. La partita contro il Chieri finisce 1-0, i tifosi di casa felici e contenti, eppure la vittoria è sofferta perché tra gli avversari vestiti d'azzurro c'è il numero sette che fa diventare tutti matti nonostante il terreno ghiacciato.

24 genn 2017

Hai per caso notato il 91 brasiliano del Chieri (credo con il 7) Messias Junior? Mi interessava il tuo parere, perché a volte è discontinuo ma ha dei colpi secondo me, anche se il campo non credo fosse certo adatto a lui

12:27

Molto forte, sicuramente il più talentuoso in campo, in serie D è sprecato

12:29

La sentenza, letterale, di Maldini assomiglia tanto a una premonizione: il messaggino whatsapp è per Marcello Bonetto, all'epoca procuratore di questo brasiliano che fa il fenomeno tra i dilettanti. Ma soprattutto erede di Beppe Bonetto, un'istituzione tra gli agenti di una volta, colui che ha assistito l'ex campione rossonero per l'intera carriera.

Solo quattro stagioni dopo, Maldini si porterà Messias al Milan, sfidando chiunque, comprese le leggi della logica nel calciomercato.

«Ma come può giocare in Champions League un trentenne che fino a poco tempo fa faceva il fattorino e maramaldeggiava in serie D?»

Bella domanda. Che forse troverà risposta in queste pagine, ricordando la storia di chi arriva in Italia nel 2011 per raggiungere il fratello, con pochi soldi nel portafoglio e un passato di vizi e bevute ai limiti del consentito. Junior gioca a livello amatoriale nello Sport Warique, una squadra di peruviani iscritta al campionato UISP, e nel frattempo lavora nel cantiere di un italo-argentino, pulendo i materiali che i suoi carpentieri staccano dagli edifici demoliti. Venti centesimi per ogni mattone tirato a lucido. Poi, mentre scala le categorie non professionistiche, continua a cercarsi guadagni alternativi caricandosi frigoriferi sulle spalle, sicuramente non la cura ideale per chi a quel tempo deve fare i conti anche con una fastidiosa pubalgia. E con un permesso di soggiorno ballerino: per avere il contratto di lavoro da calciatore, Junior dovrebbe giocare almeno in C, ma essendo extracomunitario non può essere tesserato in quella serie, tantomeno in B. L'unica strada consentita è arrivarci vincendo sul campo il campionato di D.

Nel frattempo, le monete in tasca sono sempre poche, ma almeno Messias trova l'amore e si sposa con una connazionale di nome Thamyrys, amante del pallone come lui, tanto da far parte di varie squadre femminili. La zona dove abitano a Torino, corso Palermo, non è molto raccomandabile, può essere rischioso attraversare di sera questa via parallela di corso Giulio Cesare. Eppure il sognatore brasiliano non si lamenta, continua a stupire nei terreni imperfetti di periferia, come una sera a Cantalupa, piccolo paesino piemontese. Lui gioca ancora nel Chieri e affronta in un triangolare il Torino Primavera e la Pro Vercelli.

Proprio il ds di quest'ultima, Massimo Varini, cerca in tutti i modi di portarselo in serie B, stregato dalla sua fantasia. Il regolamento lascerebbe uno spiraglio per gli extracomunitari provenienti dai dilettanti, ma dopo l'iniziale ok della Federazione arriva il no della Lega B, confermato dai successivi gradi di giudizio della giustizia sportiva e ordinaria. Per evitare nuovi problemi, l'anno successivo verrà corretto e integrato proprio quel punto della discordia, aggiungendo e specificando l'impossibilità di tesserare i giocatori non comunitari anche se prelevati dalle categorie inferiori. Amen.

La Pro Vercelli si arrende ma non l'abbandona, passandogli millecinquecento euro al mese per farlo almeno vivere, ammirandolo negli allenamenti, senza margini per poterlo schierare. Entro il 31 dicembre, però, finisce il mercato dilettantistico e si apre una vera e propria bagarre per assicurarsi il campioncino di provincia, la cui ascesa è bloccata dai cavilli burocratici: la scelta non può essere sbagliata, serve la società con più possibilità di tagliare per prima il traguardo, è l'unico modo per eliminare lo status da extra e continuare a sperare nel grande salto in B.

Il dirigente più convinto si chiama Alex Casella, fa il ds del Gozzano, e mantiene le promesse ottenendo la promozione all'ultima giornata con un punto di vantaggio sul Como. Messias guadagna il minimo federale, ventitremila euro netti a stagione, e non incanta come potrebbe, a tal punto che qualcuno in società mette in dubbio la sua conferma in C.

«Ma lo teniamo o no?»

Casella si impunta e spinge per dargli quell'occasione tanto inseguita.

In campo, si vede, parla una lingua diversa, e se non emerge è perché appena sposta la palla sono botte da orbi sulle caviglie. Mai una parola fuori posto nonostante quei calcioni, mai un'uscita serale come ai vecchi tempi brasiliani. Anche perché sul conto corrente c'è sempre ben poco, pranzo e cena sono ormai fissi alla mensa della società con i ragazzini ancora minorenni. La famiglia è rimasta a Torino, non ci sono le possibilità economiche di portarla a Gozzano, costerebbe troppo. L'umiltà viaggia invece con lui quotidianamente, sui sedili di una macchina mezza scassata che a Crotone (in B) lascerà poi posto a una Ford Puma… mentre i suoi compagni girano con i Suv appena sfornati.

La Calabria è terra d'amore, proprio da quelle parti «il cielo è sempre più blu», come canta Rino Gaetano, nato non molto lontano dallo stadio Ezio Scida, la nuova casa del visionario sudamericano. Ad aprirgli quelle porte è Raffaele Vrenna, il giovane e intraprendente figlio del presidente Gianni, la cui famiglia simboleggia il riscatto del calcio crotonese.

Il 26 settembre 2018, Raffaele è sugli spalti di Vercelli per vedere Gozzano-Piacenza (finita 3-4) in compagnia dell'amico Casella: c'è un affare da concludere e riguarda il futuro di due ragazzi, Evan's e Petris, destinati al Crotone. Guardando la partita, però, la scintilla scatta quasi casualmente per Junior Messias, così a gennaio l'operazione diventa tripla e il pacchetto intero costerà trecentocinquantamila euro, senza prevedere percentuali su una futura rivendita a favore del Gozzano, segnale di come non si potesse affatto prevedere una scalata simile per nessuno dei ragazzi coinvolti. Oggi Jeremy Petris è reduce da vari prestiti in C, mentre Jean Lambert Evan's ha già lasciato l'Italia per tornare in Francia ed essere tesserato dal Pau, un club di Ligue 2 ovvero la nostra serie B.

Il primo Messias calabrese invece divide gli addetti ai lavori: sorgono legittimi dubbi, qualcuno lo considera calcisticamente non pronto e «un po' rozzo», ma dopo due settimane «non si può più fare a meno di lui». Il contratto firmato intanto gli permette di respirare dopo una vita di sacrifici, lo stipendio annuale è di centottomila euro lordi (circa sessantacinque netti) più altri quarantamila di bonus legati a presenze, assist e gol. Niente male. Anche perché cumulabili nel contratto in

ART.4 La soluzione di tutte le controversie aventi ad oggetto l'interpretazione, l'esecuzione o la risoluzione del Contratto o delle Altre Scritture, così come tutte le controversie comunque riconducibili al rapporto tra la Società e il Calciatore sono deferite al Collegio Arbitrale, che si pronuncerà nei modi, nei tempi e secondo le previsioni del relativo Regolamento, che costituisce allegato dell'Accordo Collettivo.

ART.5 Con la sottoscrizione del presente contratto, le parti si obbligano, in ragione della comune appartenenza all'ordinamento settoriale sportivo e dei vincoli conseguentemente assunti con il tesseramento o l'affiliazione, nonché della specifica disciplina legislativa applicabile alla fattispecie:

- ad osservare le norme dello Statuto e quelle Federali;
- ad accettare la piena e definitiva efficacia di qualsiasi provvedimento adottato dalla FIGC, dai suoi Organi e soggetti delegati nelle materie comunque riconducibili allo svolgimento dell'attività federale, ivi comprese le relative vertenze di carattere tecnico e disciplinare, nonché delle decisioni del Collegio Arbitrale, dichiarando in particolare di accettare senza riserve la clausola compromissoria di cui all'art. 30 dello Statuto della FIGC.

Ogni violazione od azione comunque tendente all'elusione degli obblighi di cui sopra comporta l'applicazione delle sanzioni disciplinari previste dallo Statuto e dai Regolamenti.

ART.6 A tutti gli effetti del presente contratto la Società elegge domicilio presso la propria sede, il Calciatore nel luogo indicato in epigrafe, salvo variazioni delle quali dovrà essere data comunicazione scritta alla Società e alla Lega. Fino al ricevimento della comunicazione esplica i suoi effetti il domicilio indicato nel presente contratto.

Luogo CROTONE, data 5/02/2019

F.C. CROTONE S.r.l.
Via E. Scalfaro, 13
88900 Crotone
P. Iva 02131590792

Il Calciatore

Walter Mario Messias

Entrambi gli esercenti la responsabilità genitoriale
* (firme obbligatorie per i calciatori che non hanno compiuto il 18° anno di età)

Le parti dichiarano di aver preso piena e consapevole cognizione del contenuto delle clausole previste dagli artt. 3, 4, 5 e 6 del presente contratto e le approvano specificamente con espressa sottoscrizione.

Luogo CROTONE, data 5/02/2019

...TONE S.r.l.
Via E. Scalfaro, 13
88900 Crotone
P. Iva 02131590792

Il Calciatore

Walter Mario Messias

Entrambi gli esercenti la responsabilità genitoriale
* (firme obbligatorie per i calciatori che non hanno compiuto il 18° anno di età)

(*) La firma di chi esercita la responsabilità genitoriale è obbligatoria per tutti i calciatori che non hanno anagraficamente compiuto il 18° anno di età.

N.B.: il presente contratto deve essere redatto in tre esemplari, di cui uno deve essere depositato a cura della Società presso la Lega entro il decimo giorno successivo alla data di stipula.

Le due ulteriori copie del contratto sottoscritte devono essere consegnate rispettivamente al calciatore ed alla Società al momento della stipula.

Il contratto originale firmato da Messias con il Crotone nel 2019.

A, che partirebbe invece da centottantunmila. Sempre lordi e sempre in caso di promozione. Obiettivo che viene raggiunto al primo colpo, seguendo quella magica scia che l'accompagna mano nella mano: in ogni serie, Junior risulta il migliore (o quasi) tra i ventidue in campo, dalla D alla C, passando per la B e spesso anche all'ultimo piano, debuttando tra i grandi del calcio. Lui mai si piange addosso, mai fa pesare il suo passato a ostacoli, e mai si abbatte quando club come Atalanta o Torino fanno spallucce alla proposta degli agenti dopo il primo anno a Crotone, dove l'allenatore Giovanni Stroppa lo completa tatticamente e la coppia con Simy esplode anche in serie A. Tutti iniziano a notarlo e finalmente ad apprezzarlo a livelli altissimi.

Il suo nuovo procuratore, Gabriele Giuffrida, attacca da metà marzo un pressing asfissiante con il Milan, facendo una testa così a Maldini e Massara.

«È il giocatore giusto per voi, ha una voglia pazzesca di Milan, me ne parla in continuazione: crede persino di poter andare ai Mondiali con la spinta che avrebbe da questa occasione…»

Una scintilla che si trasforma in carica emotiva per tutte le parti in causa, tranne una. Il Fondo Elliott, proprietario del club, preferisce investire per giocatori che hanno meno di venticinque anni, non autorizzerebbe una spesa di otto-dieci milioni per un trentenne, per di più retrocesso in B con il Crotone.

La missione diventa quasi impossibile, eppure resta lì nel cassetto delle tentazioni. A ferragosto viene anche organizzata una videochiamata tra Maldini, Massara e il giocatore, reduce dal Covid insieme alla moglie e appena uscito dalla quarantena: la sua sicurezza colpisce i dirigenti, che chiedono subito al Crotone di bloccarne la cessione ad altre pretendenti e iniziare a farlo allenare con il gruppo, in modo da prepararsi a livello fisico per quando sarà rossonero. Proprio in quei giorni, filtra anche mediaticamente la pazza idea, basta un messaggino da fonte buona per accendere la clamorosa spia: «Occhio a Messias, il Milan lo vuole. Lavoraci!». E lavorandoci scopro che è tutto incredibilmente vero. Compresa la diversità di vedute tra la parte tecnica e il Fondo, sempre poco propenso ad approvare l'investimento. Questione di policy aziendale: nulla, sia chiaro, contro di lui.

«Non ce la faccio più, sto impazzendo: questa estate mi ha distrutto...»

L'attesa di Messias diventa snervante, il traguardo sembra sempre vicino, ma ancora lontanissimo. Sono le ore in cui al Milan vengono accostate decine dei calciatori più blasonati in quel ruolo (Isco, Bernardo Silva, James Rodriguez, Berardi, per citarne alcuni), nessuno però coniuga gli stimoli richiesti con le condizioni economiche previste dal budget a disposizione. L'unico è Asensio del Real Madrid, che a pochi giorni dalla fine può uscire in prestito, ma è lo stesso spagnolo a tirarsi indietro sul più bello. Restano il talento francese Faivre del Brest e, in extremis, Miranchuk dell'Atalanta, ma per vari motivi saltano tutti, come ci fosse un incantesimo a tenere in vita il sogno dell'ex fattorino.

Maldini riparla con l'ex compagno Stroppa, mentre Massara chiama a Milanello Serse Cosmi (l'ultimo allenatore di Messias e amico del ds rossonero dai tempi di Perugia), le relazioni sono così positive da spingere il Milan a un disperato tentativo, magari in prestito. Mancano due giorni, sui social i tifosi si aspettano sempre un grande colpo e inveiscono contro chi (come me) insiste nel tenere in vita la pista meno affascinante, curriculum alla mano.

Nel frattempo, il giocatore viene invitato dai suoi agenti a lasciare comunque la Calabria e avvicinarsi alla meta, sia mai. Niente Milano per evitare di essere beccato da noi giornalisti, bensì Bergamo. Anzi Brusaporto, il regno del ristorante tristellato Da Vittorio, un'eccellenza della cucina italiana. Ostriche e Champagne, un conto da capogiro, la pazza gioia a tavola insieme ad Agudelo, un altro calciatore in procinto di cambiare maglia per firmare con lo Spezia. Come poi farà all'ultimo istante. Mangiare – bene – e bere per non pensarci, aspettando la telefonata giusta che stenta ad arrivare. Il Crotone infatti è irremovibile sulla formula, vorrebbe cederlo a titolo definitivo, ma allo stesso tempo gli altri corteggiatori si stanno dileguando, soprattutto il Toro, che ha chiuso per Praet.

Mancano circa ventiquattr'ore alla fine del mercato, il presidente Vrenna si accende una sigaretta dopo l'altra e passeggia nervosamente nel giardino del ME, l'albergo alla moda in piazza della Repubblica.

«Sei anche milanista, fallo per i tuoi sentimenti, vieni incontro alla squadra per cui tifi da bambino e regala a questo ragazzo la felicità.»

È l'appello di chi lavora all'operazione da mesi.

«Ok, vada per il prestito: ma quanto me lo pagano?

Io ho bisogno di due milioni e seicentomila subito, per il bilancio. Altrimenti non se ne fa niente, mi spiace.»

Viene così organizzato il faccia a faccia decisivo tra Crotone e Milan, che inizia verso mezzanotte in una saletta esclusiva e riservata dell'Hotel Mandarin Oriental, arredata con modelli di Piero Fornasetti e illuminata dalle candele accese per creare l'atmosfera giusta. Manco fosse un appuntamento a sorpresa per promettersi eterno amore. All'incontro, dalla parte rossonera, ci sono anche i rappresentanti della proprietà tra cui Giorgio Furlani, il segno tangibile di come il Fondo Elliott voglia comunque dare il suo timbro finale all'affare, dopo aver a lungo espresso le sue perplessità. Il Milan parte soft.

«Vi offriamo un milione per il prestito e dieci per il diritto di riscatto» prima di arrivare velocemente alla cifra giusta per stringersi le rispettive mani. Che prevede l'importo per il prestito voluto dal Crotone più altri cinque milioni e quattrocentomila per il diritto di riscatto, a cui ne andrà aggiunto un altro legato alla qualificazione Champions.

Maldini telefona subito a Messias, che stenta a crederci.

«Sei del Milan, Junior! Muoviti adesso che ti aspettiamo tra poche ore per visite e firma» su un contratto da un milione e duecentomila euro più bonus, ben altra musica sonante rispetto ai ventitremila euro di Gozzano: l'ultima sera dedicata alle trattative si trasforma così nella notte dei desideri, d'incanto realizzati. Perché nello sport, e soprattutto nel calcio(mercato), la realtà può persino superare la fantasia. Caricandosi anche un frigorifero sulle spalle.

GRAND HOTEL CALCIOMERCATO

Piazza Affari

Acquisti e cessioni come le tabelline da imparare a memoria. Un riassunto finale per rileggere in pochi minuti gli affari ufficiali dell'estate di calciomercato 2021/22.

Una piccola enciclopedia: in questa speciale bacheca troverete le trattative dei club di serie A, in entrata e uscita (anche verso l'estero e fino alla B), e capirete da soli come il prestito sia diventato lo strumento necessario e indispensabile ai tempi del Covid. La vera grande novità riguarda però le cifre, tutte verificate, per fornire ad appassionati e addetti ai lavori una guida precisa e mai così dettagliata. Solo le società quotate in Borsa comunicano con esattezza i numeri delle operazioni, adesso anche le altre non avranno più misteri: potrete così valutare meglio la scommessa su un giovane talento che poi diventerà famoso o se invece è stato venduto adeguatamente il campione sacrificato per il bilancio.

Benvenuti a Piazza Affari e buon tabellone a chi ha avuto e avrà il difficile compito di riempirlo. Per gli altri sarà facile consultarlo e divertente leggerlo.

Acquisti

NOME	RUOLO	DA	FORMULA
Demiral Merih	Dif	Juventus	prestito 2,5 M € + diritto di riscatto a 20 M € + 2,5 M € bonus
Koopmeiners Teun	Cen	AZ Alkmaar	definitivo 12 M € + 2 M € bonus
Lovato Matteo	Dif	Hellas Verona	definitivo 7 M € + 3 M € di bonus + 10% futura rivendita
Musso Juan	Por	Udinese	definitivo 20 M €
Pezzella Giuseppe	Dif	Parma	prestito gratuito + diritto di riscatto a 4,5 M €
Romero Cristian	Dif	Juventus	definitivo 16 M €
Zappacosta Davide	Dif	Chelsea	definitivo 6 M € + 3 M € bonus

ATALANTA

Cessioni

NOME	RUOLO	A	FORMULA
Cambiaghi Nicolò	Att	Pordenone	prestito gratuito secco
Capone Christian	Att	Ternana	prestito gratuito + diritto di riscatto a 3 M € e controriscatto a 0,3 M €
Carnesecchi Marco	Por	Cremonese	prestito gratuito secco
Colley Ebrima	Att	Spezia	prestito 0,6 M € + diritto di riscatto a 10 M €
Cortinovis Alessandro	Cen	Reggina	prestito gratuito secco
Da Riva Jacopo	Cen	Spal	prestito gratuito secco
Del Prato Enrico	Dif	Parma	prestito gratuito con diritto di riscatto a 4 M € e controriscatto a 0,3 M €
Elia Salvatore	Att	Benevento	prestito 50.000 € + diritto di riscatto a 4 M € e controriscatto a 0,3 M €
Gollini Pierluigi	Por	Tottenham	prestito gratuito + diritto di riscatto a 13 M €
Guth Rodrigo	Dif	NEC Nijmegen	prestito gratuito secco
Gyabuaa Emmanuel	Cen	Perugia	prestito gratuito secco
Heidenreich David	Dif	Spal	prestito gratuito secco
Kovalenko Viktor	Cen	Spezia	prestito gratuito secco
Kresic Anton	Dif	Rijeka	prestito gratuito + diritto di riscatto a 0,7 M €
Lammers Sam	Att	Eintracht Frankfurt	prestito 2 M € secco

ATALANTA

Cessioni

NOME	RUOLO	A	FORMULA
Latte Lath Emmanuel	Att	Spal	prestito gratuito secco
Lunetta Gabriel	Att	Alessandria	prestito gratuito secco
Mazzocchi Simone	Att	Ternana	prestito gratuito secco
Okoli Caleb	Dif	Cremonese	prestito gratuito secco
Radunovic Boris	Por	Cagliari	definitivo 0,5 M €
Reca Arkadiusz	Dif	Spezia	prestito 1 M € + obbligo di riscatto a 2 M €
Romero Cristian	Dif	Tottenham	definitivo 50 M € + 5 M € bonus
Rosa Alessio	Att	Torino	prestito gratuito + diritto di riscatto a 1 M € + controriscatto a 0,2 M €
Ruggeri Matteo	Dif	Salernitana	prestito gratuito + diritto di riscatto a 10 M € + controriscatto a 0,5 M €
Sutalo Bosko	Dif	Hellas Verona	prestito gratuito + diritto di riscatto a 7 M €
Tumminello Marco	Att	Reggina	prestito gratuito secco
Valzania Luca	Cen	Cremonese	prestito gratuito con obbligo 2 M € in caso di promozione in A
Varnier Marco	Dif	Como	prestito gratuito secco
Vido Luca	Att	Cremonese	prestito gratuito secco
Zortea Nadir	Dif	Salernitana	prestito gratuito + diritto di riscatto a 10 M € + controriscatto a 0,5 M €

Acquisti

NOME	RUOLO	DA	FORMULA
Arnautovic Marko	Att	Shanghai SIPG	definitivo 3 M €
Bardi Francesco	Por	Frosinone	acquisto gratuito
Bonifazi Kevin	Dif	Spal	definitivo 5,5 M €
Onesti Gabriele	Att	Ternana	prestito gratuito secco
Pyyhtia Niklas	Cen	Fc Honka	definitivo 0,5 M €
Soumaoro Adama	Dif	LOSC Lille	definitivo 1,8 M €
Theate Arthur	Dif	Oostende	prestito 1 M € + obbligo 5 M €
Van Hooijdonk Sydney	Att	NAC Breda	svincolato

Cessioni

NOME	RUOLO	A	FORMULA
Baldursson Fannar Andri	Cen	Copenaghen	prestito gratuito + diritto di riscatto a 2,5 M €
Calabresi Arturo	Dif	Lecce	cessione gratuita
Danilo	Dif	Parma	svincolato
Denswil Stefano	Dif	Besiktas	prestito gratuito secco
Donsah Godfred	Cen	Crotone	cessione gratuita
El Kaouakibi Hamza	Dif	Pordenone	cessione gratuita
Juwara Musa	Att	Crotone	prestito gratuito + diritto di riscatto a 2 M €
Mazza Leonardo	Cen	Ternana	cessione gratuita
Okwonkwo Orji	Att	Cittadella	prestito gratuito secco
Palacio Rodrigo	Att	Brescia	svincolato
Paz Nehuen	Dif	Crotone	cessione gratuita
Poli Andrea	Cen	Antalyaspor	cessione gratuita
Ravaglia Federico	Por	Frosinone	prestito gratuito secco
Sarr Mouhamadou	Por	Cremonese	cessione gratuita
Tomiyasu Takehiro	Dif	Arsenal	definitivo 20 M € + 3 M € bonus

Acquisti

NOME	RUOLO	DA	FORMULA
Altare Giorgio	Dif	Genoa	acquisto gratuito
Baldé Keita	Att	Monaco	acquisto gratuito + 25% futura rivendita
Bellanova Raoul	Dif	Bordeaux	prestito gratuito + diritto di riscatto a 1 M €
Caceres Martin	Dif	Fiorentina	svincolato
Dalbert	Dif	Inter	prestito gratuito + diritto di riscatto a 7 M €
Grassi Alberto	Cen	Parma	prestito gratuito + diritto di riscatto a 4 M €
Obert Adam	Dif	Sampdoria	svincolato
Radunovic Boris	Por	Atalanta	definitivo 0,5 M €
Strootman Kevin	Cen	Olympique de Marseille	prestito biennale gratuito

CAGLIARI

Cessioni

NOME	RUOLO	A	FORMULA
Asamoah Kwadwo	Cen		svincolato
Bradaric Filip	Cen	Al Ahli	definitivo 0,350 M €
Caligara Fabrizio	Cen	Ascoli	prestito 0,2 M € + obbligo di riscatto a 0,8 M €
Cerri Alberto	Att	Como	prestito gratuito secco
Despodov Kiril	Att	Ludogorets Razgrad	definitivo 1,5 M €
Klavan Ragnar	Dif	Paide Linnameskond	svincolato
Luvumbo Zito	Att	Como	prestito gratuito secco
Miangue Senna	Dif	Cercle Brugge	prestito 0,2 M € + obbligo di riscatto a 1 M €
Simeone Giovanni	Att	Hellas Verona	prestito 0,5 M € + diritto di riscatto a 11 M €
Tramoni Matteo	Cen	Brescia	prestito gratuito + diritto di riscatto a 2,5M €
Tripaldelli Alessandro	Dif	Spal	prestito 0,1 M € + obbligo di riscatto a 0,3 M €
Vicario Guglielmo	Por	Empoli	prestito gratuito + diritto di riscatto a 8 M €

Acquisti

NOME	RUOLO	DA	FORMULA
Cutrone Patrick	Att	Wolver-hampton	prestito gratuito secco
Di Francesco Federico	Att	Spal	prestito gratuito + diritto di riscatto a 2,5 M €
Henderson Liam	Cen	Lecce	prestito 0,5 M € + obbligo di riscatto a 1 M €
Ismajli Ardian	Dif	Spezia	definitivo 2 M €
Luperto Sebastiano	Dif	Napoli	prestito 0,3 M € + diritto di riscatto a 3 M €
Magazzú Luca	Att	Inter	cessione gratuita
Marchizza Riccardo	Dif	Sassuolo	prestito gratuito secco
Pinamonti Andrea	Att	Inter	prestito gratuito secco
Stojanovic Petar	Dif	Dinamo Zagabria	prestito 0,3 M € + obbligo di riscatto a 1,2 M €
Tonelli Lorenzo	Dif	Sampdoria	definitivo 2,4 M €
Ujkani Samir	Por	Torino	svincolato
Vicario Guglielmo	Por	Cagliari	prestito gratuito + diritto di riscatto a 8 M €
Zurkowski Szymon	Cen	Fiorentina	prestito gratuito + diritto di riscatto a 3 M €

EMPOLI

Cessioni

NOME	RUOLO	A	FORMULA
Brignoli Alberto	Por	Panathinaikos	cessione gratuita
Canestrelli Simone	Dif	Crotone	prestito gratuito secco
Crociata Giovanni	Cen	Spal	prestito gratuito + diritto di riscatto a 1 M €
Moreo Stefano	Att	Brescia	prestito 0,5 M + obbligo di riscatto a 1 M €
Mraz Samuel	Att	Spezia	definitivo 1,5 M €
Nikolaou Dimitrios	Dif	Spezia	definitivo 3 M €
Pirrello Roberto	Dif	Cosenza	prestito gratuito + diritto di riscatto a 0,5 M €
Piscopo Kevin	Att	Spal	prestito gratuito + diritto di riscatto a 0,6 M €
Sabelli Stefano	Dif	Genoa	svincolato

Acquisti

NOME	RUOLO	DA	FORMULA
Gonzalez Nicolas	Att	Stuttgart	definitivo 22,5 M € + 4 M € bonus
Maleh Youssef	Cen	Venezia	definitivo 0,3 M €
Nastasic Matija	Dif	Schalke 04	definitivo 1 M €
Odriozola Alvaro	Dif	Real Madrid	prestito gratuito secco
Torreira Lucas	Cen	Arsenal	prestito 1,5 M € + diritto di riscatto a 15 M €

Cessioni

NOME	RUOLO	A	FORMULA
Barone Giuseppe	Cen	Ascoli	svincolato
Caceres Martin	Dif	Cagliari	svincolato
Dalle Mura Christian	Dif	Cremonese	prestito gratuito secco
Diks Kevin	Dif	Copenaghen	definitivo 0,3 M €
Eysseric Valentin	Att	Kasımpasa	svincolato
Ferrarini Gabriele	Dif	Perugia	prestito gratuito secco
Gori Gabriele	Att	Cosenza	prestito gratuito secco

FIORENTINA

Cessioni

NOME	RUOLO	A	FORMULA
Hancko David	Dif	Sparta Praha	definitivo 2,5 M €
Hristov Petko	Dif	Spezia	cessione gratuita
Kouamé Christian	Att	Anderlecht	prestito 1 M € secco
Lirola Pol	Dif	Olympique de Marseille	definitivo 13 M €
Olivera Maxi	Dif	Juarez	svincolato
Pezzella German	Dif	Real Betis	definitivo 3,75 M €
Pierozzi Edoardo	Dif	Alessandria	cessione gratuita
Ranieri Luca	Dif	Salernitana	prestito gratuito + diritto di riscatto a 6 M €
Ribery Franck	Att	Salernitana	svincolato
Valero Borja	Cen	C.S. Lebowski	svincolato
Zekhnini Rafik	Att	Molde	svincolato
Zurkowski Szymon	Cen	Empoli	prestito gratuito + diritto di riscatto a 3 M €

GENOA

Acquisti

NOME	RUOLO	DA	FORMULA
Andrenacci Lorenzo	Por	Brescia	svincolato
Buksa Aleksander	Att	Wisla Cracovia	svincolato
Caicedo Felipe	Att	Lazio	definitivo 2 M €
Ekuban Caleb	Att	Trabzonspor	prestito gratuito + obbligo di riscatto a 2 M €
Fares Mohamed	Cen	Lazio	prestito gratuito + diritto di riscatto a 7 M €
Galdames Pablo	Cen	Vélez Sarsfield	svincolato
Hernani	Cen	Parma	prestito biennale gratuito + obbligo di riscatto a 5,5 M €
Maksimovic Nikola	Dif	Napoli	svincolato
Sabelli Stefano	Dif	Empoli	svincolato
Semper Adrian	Por	Chievo Verona	svincolato
Sirigu Salvatore	Por	Torino	svincolato
Touré Abdoulaye	Cen	Nantes	definitivo 1,5 M €
Vanheusden Zinho	Dif	Inter	prestito gratuito secco
Vasquez Johan	Dif	Pumas	prestito 0,5 M € + obbligo di riscatto a 3,2 M €
Vogliacco Alessandro	Dif	Pordenone	definitivo 0,6 M €

GENOA

Cessioni

NOME	RUOLO	A	FORMULA
Agudelo Kevin	Cen	Spezia	prestito 0,1 M € + diritto di riscatto a 2,5 M €
Altare Giorgio	Dif	Cagliari	cessione gratuita
Asencio Raul	Att	Alcorcón	svincolato
Calò Giacomo	Cen	Benevento	prestito gratuito secco
Caso Giuseppe	Att	Cosenza	prestito gratuito secco
Charpentier Gabriel	Att	Frosinone	prestito gratuito + diritto di riscatto a 1 M €
Cleonise Denilho	Att	Twente	svincolato
Curado Marcos	Dif	Perugia	cessione gratuita
Czyborra Lennart	Dif	Arminia Bielefeld	prestito gratuito + diritto di riscatto a 5 M €
Eyango Steeve Mike	Cen	Cosenza	prestito gratuito secco
Favilli Andrea	Att	Monza	prestito gratuito + diritto di riscatto a 5 M €
Jagiello Filip	Cen	Brescia	prestito gratuito + diritto di riscatto a 2 M €
Jandrei	Por	Santos	svincolato
Jaroszynski Pawel	Dif	Salernitana	prestito gratuito + obbligo di riscatto 1000 €
Paleari Alberto	Por	Benevento	prestito 0,1 M € + diritto di riscatto a 1,2 M €
Parigini Vittorio	Att	Como	prestito gratuito secco
Petrelli Elia	Att	Ascoli	prestito gratuito secco

Cessioni

NOME	RUOLO	A	FORMULA
Shomurodov Eldor	Att	Roma	definitivo 17,5 M € + 2 M € bonus + 10% futura rivendita
Valietti Federico	Dif	Pordenone	prestito biennale gratuito + diritto di riscatto a 1 M € + 0,5 M € bonus
Vogliacco Alessandro	Dif	Benevento	prestito gratuito secco
Zapata Cristian	Dif	San Lorenzo	svincolato

Acquisti

NOME	RUOLO	DA	FORMULA
Caprari Gianluca	Att	Sampdoria	prestito 0,350 M € + obbligo di riscatto 3,5 M €
Flakus Bosilj David	Att	NK Aluminij	definitivo 0,2 M €
Frabotta Gianluca	Dif	Juventus	prestito gratuito + diritto di riscatto 4,750 M €
Hongla Martin	Cen	Royal Antwerp	prestito 1 M € + diritto di riscatto 4 M €
Ilic Ivan	Cen	Manchester City	definitivo 7,750 M €
Montipò Lorenzo	Por	Benevento	prestito gratuito + diritto di riscatto 1,1 M €
Simeone Giovanni	Att	Cagliari	prestito 0,5 M € + diritto di riscatto 11 M €
Sutalo Bosko	Dif	Atalanta	prestito gratuito + diritto di riscatto 7 M €

Cessioni

NOME	RUOLO	A	FORMULA
Amione Bruno	Dif	Reggina	prestito gratuito secco
Bocchetti Salvatore	Dif		ritirato
Danzi Andrea	Cen	Cittadella	cessione gratuita
Di Carmine Samuel	Att	Cremonese	cessione 0,4 M €
Empereur Alan	Dif	Cuiabá	svincolato
Laribi Karim	Cen	Reggina	cessione gratuita
Lovato Matteo	Dif	Atalanta	definitivo 7 M € + 3 M € bonus + 10% futura rivendita
Silvestri Marco	Por	Udinese	cessione 2,5 M €
Stepinski Mariusz	Att	Aris Limassol	prestito gratuito + diritto di riscatto 2,5 M €
Tupta Lubomir	Att	Slovan Liberec	prestito gratuito + diritto di riscatto 0,2 M €
Udogie Destiny	Dif	Udinese	prestito gratuito + obbligo di riscatto 3 M €
Zaccagni Mattia	Cen	Lazio	prestito gratuito + obbligo di riscatto 7 M €

Acquisti

NOME	RUOLO	DA	FORMULA
Çalhanoglu Hakan	Cen	Milan	svincolato
Cordaz Alex	Por	Crotone	acquisto gratuito
Correa Joaquin	Att	Lazio	prestito 5 M € + obbligo di riscatto a 25 M € + 1 M € bonus
Dumfries Denzel	Cen	PSV Eindhoven	definitivo 12,5 M € + 2,5 M € bonus
Dzeko Edin	Att	Roma	acquisto gratuito + 1,5 M € bonus
Vanheusden Zinho	Dif	Standard Liège	definitivo 16 M €

Cessioni

NOME	RUOLO	A	FORMULA
Agoume Lucien	Cen	Stade Brestois 29	prestito 0,5 M €
Cester Stefano	Cen	Vicenza	cessione gratuita
Dalbert	Dif	Cagliari	prestito gratuito + diritto di riscatto a 7 M €
Di Gregorio Michele	Por	Monza	prestito 0,1 M € + diritto di riscatto a 5 M €
Esposito Sebastiano	Att	Basel	prestito gratuito + diritto di riscatto a 8 M € + 1,5 M € controriscatto
Gavioli Lorenzo	Cen	Reggina	definitivo 0,1 M €
Gravillon Andreaw	Dif	Stade de Reims	prestito 0,2 M € + diritto di riscatto a 3 M €
Hakimi Achraf	Dif	Paris Saint-Germain	definitivo 68 M € + 3 M € bonus
Joao Mario	Cen	Benfica	svincolato
Lazaro Valentino	Cen	Benfica	prestito gratuito secco
Lukaku Romelu	Att	Chelsea	definitivo 115 M €
Magazzú Luca	Att	Empoli	cessione gratuita
Males Darian	Att	Basel	prestito biennale gratuito + diritto di riscatto 3 M € del 50%
Mulattieri Samuele	Att	Crotone	prestito gratuito secco
Nainggolan Radja	Cen	Royal Antwerp	svincolato
Oristanio Gaetano	Cen	Volendam	prestito gratuito secco

Cessioni

NOME	RUOLO	A	FORMULA
Padelli Daniele	Por	Udinese	svincolato
Persyn Tibo	Cen	Club Brugge	prestito gratuito + diritto di riscatto a 3 M €
Pinamonti Andrea	Att	Empoli	prestito gratuito secco
Pirola Lorenzo	Dif	Monza	prestito gratuito + diritto di riscatto a 8 M € + 1 M € controriscatto
Rivas Rigoberto	Cen	Reggina	definitivo 0,3 M €
Salcedo Eddie	Att	Spezia	prestito gratuito secco
Schirò Thomas	Cen	Crotone	cessione gratuita
Stankovic Filip	Por	Volendam	prestito gratuito secco
Vagiannidis Georgios	Dif	Panathinaikos	svincolato
Vanheusden Zinho	Dif	Genoa	prestito gratuito secco
Vergani Edoardo	Att	Salernitana	cessione gratuita + 30% futura rivendita
Young Ashley	Cen	Aston Villa	svincolato
Youte Kinkoue Étienne	Dif	Olympiakos	cessione gratuita

Acquisti

NOME	RUOLO	DA	FORMULA
Ihattaren Mohamed	Cen	PSV Eindhoven	acquisto definitivo + 3 M € bonus
Kaio Jorge	Att	Santos	definitivo 1,5 M € + 2,5 M € bonus + 5% futura rivendita
Kean Moise	Att	Everton	prestito biennale 7 M € + obbligo di riscatto a 28 M € + 3 M € bonus
Locatelli Manuel	Cen	Juventus	prestito biennale gratuito + obbligo di riscatto a 25 M € + 12,5 M € bonus

JUVENTUS

Cessioni

NOME	RUOLO	A	FORMULA
Buffon Gianluigi	Por	Parma	svincolato
Coccolo Luca	Dif	Spal	prestito gratuito + diritto di riscatto a 0,4 M € e controriscatto a 0,150 M €
Demiral Merih	Dif	Atalanta	prestito 2,5 M € + diritto di riscatto a 20 M € + 2,5 M € bonus
Dragusin Radu	Dif	Sampdoria	prestito gratuito secco
Fagioli Nicolò	Cen	Cremonese	prestito gratuito secco
Frabotta Gianluca	Dif	Hellas Verona	prestito gratuito + diritto di riscatto a 4,750 M €
Ihattaren Mohamed	Cen	Sampdoria	prestito gratuito secco
Kastanos Grigoris	Cen	Salernitana	prestito gratuito + diritto di riscatto a 1 M €
Pjaca Marko	Att	Torino	prestito gratuito + diritto di riscatto a 7 M €
Romero Cristian	Dif	Atalanta	definitivo 16 M €
Ronaldo Cristiano	Att	Manchester United	definitivo 15 M € + 8 M € bonus

Acquisti

NOME	RUOLO	DA	FORMULA
Anderson Felipe	Att	West Ham	acquisto gratuito + 50% futura rivendita
Basic Toma	Cen	Bordeaux	definitivo 7 M € + 1 M € bonus
Hysaj Elseid	Dif	Napoli	svincolato
Pedro	Att	Roma	svincolato
Zaccagni Mattia	Cen	Hellas Verona	prestito gratuito + obbligo di riscatto a 7 M €

Cessioni

NOME	RUOLO	A	FORMULA
Anderson Djavan	Dif	Cosenza	prestito gratuito secco
Caicedo Felipe	Att	Genoa	definitivo 2 M €
Casasola Tiago	Dif	Frosinone	prestito gratuito secco
Cicerelli Emanuele	Att	Frosinone	prestito gratuito secco
Correa Joaquin	Att	Inter	prestito 5 M € + obbligo di riscatto a 25 M € + 1 M € bonus
Fares Mohamed	Cen	Genoa	prestito gratuito + diritto di riscatto a 7 M €
Franco Damiano	Dif	Reggina	svincolato
Gondo Cedric	Att	Salernitana	svincolato
Kiyine Sofian	Cen	Venezia	prestito 0,4 M € + diritto di riscatto a 2,8 M € obbligatorio in caso di A
Lulic Senad	Cen		svincolato
Maistro Fabio	Cen	Ascoli	prestito gratuito + diritto di riscatto a 1,5 M €
Minala Joseph	Cen		svincolato
Musacchio Mateo	Dif		svincolato
Palombi Simone	Att	Alessandria	prestito gratuito + 50% futura rivendita
Parolo Marco	Cen		ritirato

MILAN

Acquisti

NOME	RUOLO	DA	FORMULA
Adli Yacine	Cen	Bordeaux	definitivo 7 M €
Bakayoko Tiemoué	Cen	Chelsea	prestito biennale 0,750 M € + diritto di riscatto a 15 M €
Ballo-Touré Fodé	Dif	Monaco	definitivo 4 M €
Diaz Brahim	Att	Real Madrid	prestito biennale 3 M € + diritto di riscatto a 19 M €
Florenzi Alessandro	Dif	Roma	prestito 1 M € + diritto di riscatto a 3,5 M €
Giroud Olivier	Att	Chelsea	definitivo 1 M € + 1 M € bonus
Maignan Mike	Por	LOSC Lille	definitivo 13 M € + 2 M € bonus
Messias Junior	Cen	Crotone	prestito 2,6 M € + diritto di riscatto a 5,4 M € + 1 M € bonus
Pellegri Pietro	Att	Monaco	prestito 0,5 M € + diritto di riscatto a 6 M € + 1 M € bonus + 15% rivendita
Tomori Fikayo	Dif	Chelsea	definitivo 28 M €
Tonali Sandro	Cen	Brescia	definitivo 7 M € + 3 M € bonus

MILAN

Cessioni

NOME	RUOLO	A	FORMULA
Adli Yacine	Cen	Bordeaux	prestito gratuito secco
Brescianini Marco	Cen	Monza	prestito gratuito secco
Caldara Mattia	Dif	Venezia	prestito gratuito secco
Çalhanoglu Hakan	Cen	Inter	svincolato
Capanni Gabriele	Att	Ternana	prestito gratuito secco
Colombo Lorenzo	Att	Spal	prestito gratuito secco
Donnarumma Gianluigi	Por	Paris Saint-Germain	svincolato
Hauge Jens Petter	Att	Eintracht Frankfurt	prestito 2 M € + diritto di riscatto a 8 M € obbligatorio in caso di salvezza + 5 M € bonus + 15% futura rivendita
Laxalt Diego	Cen	Dynamo Moscow	definitivo 4 M €
Olzer Giacomo	Cen	Brescia	cessione gratuita + 50% futura rivendita
Pobega Tommaso	Cen	Torino	prestito gratuito secco
Tsadjout Frank	Att	Pordenone	prestito gratuito + diritto di riscatto a 2 M € + controriscatto 0,5 M €

NAPOLI

Acquisti

NOME	RUOLO	DA	FORMULA
Anguissa Zambo André	Cen	Fulham	prestito 0,6 M € + diritto di riscatto a 15 M €
Jesus Juan	Dif	Roma	svincolato

Cessioni

NOME	RUOLO	A	FORMULA
Ciciretti Amato	Cen	Pordenone	cessione gratuita
Contini Nikita	Por	Crotone	prestito gratuito secco
Folorunsho Michael	Cen	Pordenone	prestito gratuito secco
Gaetano Gianluca	Cen	Cremonese	prestito 0,2 M € + diritto di riscatto a 1,5 M €
Hysaj Elseid	Dif	Lazio	svincolato
Luperto Sebastiano	Dif	Empoli	prestito 0,3 M € + diritto di riscatto a 3 M €
Machach Zinédine	Cen	Honvéd	prestito gratuito secco
Maksimovic Nikola	Dif	Genoa	svincolato
Palmiero Luca	Cen	Cosenza	prestito gratuito secco

Cessioni

NOME	RUOLO	A	FORMULA
Tutino Gennaro	Att	Parma	prestito gratuito + obbligo di riscatto 5 M € + 2 M € bonus
Zedadka Karim	Cen	Charleroi	prestito gratuito + diritto di riscatto 2,5 M €
Zerbin Alessio	Att	Frosinone	prestito gratuito secco

ROMA

Acquisti

NOME	RUOLO	DA	FORMULA
Abraham Tammy	Att	Chelsea	definitivo 40 M € + 5 M € bonus e clausola rescissoria di 80 M € dal 2023
Patricio Rui	Por	Wolver-hampton	definitivo 11,5 M € + 1,5 M € bonus
Shomurodov Eldor	Att	Genoa	definitivo 17,5 M € + 2 M € bonus + 10% futura rivendita
Viña Matías	Dif	Palmeiras	definitivo 13 M € + 2 M € bonus

Cessioni

NOME	RUOLO	A	FORMULA
Antonucci Mirko	Cen	Cittadella	cessione gratuita + 20% futura rivendita
Bamba Mory	Att	Leixões	cessione gratuita + 50% futura rivendita
Bianda William	Dif	Nancy	prestito gratuito secco
Celar Zan	Att	Lugano	definitivo 0,5 M €
Ciervo Riccardo	Att	Sampdoria	prestito gratuito + diritto di riscatto a 1,5 M €
Coric Ante	Cen	Zurich	prestito gratuito secco
D'Orazio Ludovico	Att	Spal	definitivo 0,1 M € + 50% futura rivendita

ROMA

Cessioni

NOME	RUOLO	A	FORMULA
Dzeko Edin	Att	Inter	cessione gratuita + 1,5 M € bonus in caso di Champions League
Florenzi Alessandro	Dif	Milan	prestito 1 M € + diritto di riscatto a 3,5 M €
Jesus Juan	Dif	Napoli	svincolato
Kluivert Justin	Att	Nice	prestito 1 M € + diritto di riscatto a 15 M €
Lopez Pau	Por	Olympique de Marseille	prestito 1,2 M € + obbligo di riscatto 12 M € a 20 presenze
Milanese Tommaso	Cen	Alessandria	prestito gratuito + diritto di riscatto a 0,8 M € + controriscatto 0,250 M €
Mirante Antonio	Por		svincolato
Olsen Robin	Por	Sheffield United	prestito gratuito + bonus a presenze
Pastore Javier	Cen	Elche	svincolato
Pedro	Att	Lazio	svincolato
Peres Bruno	Dif	Trabzonspor	svincolato
Podgoreanu Suf	Att	Spezia	definitivo 0,3 M € + 20% futura rivendita
Providence Ruben	Att	Club Brugge	prestito gratuito + opzione di riscatto a 2 M €
Tall Lamine	Att	Olimpija Ljubljana	cessione gratuita + 40% futura rivendita
Ünder Cengiz	Cen	Olympique de Marseille	prestito 0,5 M € + obbligo di riscatto a 8,4 M € + 20% futura rivendita

Acquisti

NOME	RUOLO	DA	FORMULA
Bogdan Luka	Dif	Livorno	svincolato
Bonazzoli Federico	Att	Sampdoria	prestito gratuito + diritto di riscatto a 6 M € + controriscatto 0,5 M €
Cavion Michele	Cen	Ascoli	svincolato
Coulibaly Lassana	Cen	Angers SCO	svincolato
Coulibaly Mamadou	Cen	Udinese	prestito gratuito + obbligo di riscatto a 1,8 M €
Delli Carri Filippo	Dif	Juventus U23	prestito gratuito secco
Fiorillo Vincenzo	Por	Pescara	acquisto gratuito
Gagliolo Riccardo	Dif	Parma	acquisto gratuito
Gondo Cedric	Att	Lazio	svincolato
Jaroszynski Pawel	Dif	Genoa	prestito gratuito + obbligo di riscatto a 1000 €
Kastanos Grigoris	Cen	Juventus	prestito gratuito + diritto di riscatto 1 M €
Kechrida Wajdi	Dif	Etoile Sportive du Sahel	svincolato
Obi	Cen	Chievo Verona	svincolato
Ranieri Luca	Dif	Fiorentina	prestito gratuito + diritto di riscatto a 6 M €
Ribery Franck	Att	Fiorentina	svincolato
Ruggeri Matteo	Dif	Atalanta	prestito gratuito + diritto di riscatto a 10 M € + controriscatto 0,5 M €

SALERNITANA

Acquisti

NOME	RUOLO	DA	FORMULA
Simy	Att	Crotone	prestito 1 M € + obbligo di riscatto 3 M € + 2 M € bonus
Strandberg Stefan	Dif	Ural	svincolato
Vergani Edoardo	Att	Inter	acquisto gratuito + 30% futura rivendita
Zortea Nadir	Dif	Atalanta	prestito gratuito + diritto di riscatto a 10 M € + controriscatto 0,5 M €

Cessioni

NOME	RUOLO	A	FORMULA
Boultam Reda	Cen	Cosenza	prestito gratuito secco
Cavion Michele	Cen	Brescia	prestito gratuito + diritto di riscatto a 0,6 M € obbligatorio in caso di A
Kristoffersen Julian	Att	Cosenza	prestito gratuito secco
Kupisz Tomasz	Cen	Pordenone	cessione gratuita
Mantovani Valerio	Dif	Alessandria	prestito gratuito + diritto di riscatto a 0,5 M €
Micai Alessandro	Por	Reggina	prestito gratuito + diritto di riscatto a 0,3 M €
Orlando Francesco	Cen	Alessandria	prestito gratuito + diritto di riscatto 0,5 M €
Sy Sanasi	Dif	Cosenza	prestito gratuito secco

Acquisti

NOME	RUOLO	DA	FORMULA
Caputo Francesco	Att	Sassuolo	prestito 0,5 M € + obbligo di riscatto a 3,5 M €
Ciervo Riccardo	Att	Roma	prestito gratuito + diritto di riscatto a 1,5 M €
De Luca Manuel	Att	Chievo Verona	svincolato
Dragusin Radu	Dif	Juventus	prestito gratuito secco
Ihattaren Mohamed	Cen	Juventus	prestito gratuito secco

SAMPDORIA

Cessioni

NOME	RUOLO	A	FORMULA
Bonazzoli Federico	Att	Salernitana	prestito gratuito + diritto di riscatto a 6 M € + controriscatto 0,5 M €
Caprari Gianluca	Att	Hellas Verona	prestito 0,350 M € + obbligo di riscatto a 3,5 M €
De Luca Manuel	Att	Perugia	prestito gratuito secco
Jankto Jakub	Cen	Getafe	definitivo 5,5 M €
Kaique Rocha	Dif	Internacional	prestito biennale + diritto di riscatto a 0,7 M €
La Gumina Antonino	Att	Como	prestito gratuito secco
Léris Mehdi	Cen	Brescia	prestito gratuito + diritto di riscatto a 2,5 M €
Murillo Jeison	Dif	Celta Vigo	prestito gratuito + diritto di riscatto a 9 M €
Obert Adam	Dif	Cagliari	svincolato
Palumbo Antonio	Cen	Ternana	definitivo 0,150 M €
Ramirez Gaston	Cen		svincolato
Regini Vasco	Dif	Reggina	svincolato
Siatounis Antonis	Dif	Monza	svincolato
Stijepovic Ognjen	Att	Spezia	svincolato
Tonelli Lorenzo	Dif	Empoli	definitivo 2,4 M €
Zovko Petar	Por	Spezia	svincolato

SASSUOLO

Acquisti

NOME	RUOLO	DA	FORMULA
Erlic Martin	Dif	Spezia	definitivo 3 M €
Harroui Abdou	Cen	Sparta Rotterdam	prestito 0,5 M € + obbligo di riscatto a 1 M € + 0,5 M € bonus
Henrique Matheus	Cen	Grêmio	prestito 4 M € + obbligo di riscatto a 6,5 M €
Ruan	Dif	Grêmio	definitivo 5 M €

Cessioni

NOME	RUOLO	A	FORMULA
Adjapong Claud	Dif	Reggina	prestito gratuito secco
Bourabia Mehdi	Cen	Spezia	prestito gratuito + obbligo di riscatto a 2 M €
Brignola Enrico	Att	Benevento	cessione gratuita
Caputo Francesco	Att	Sampdoria	prestito 0,5 M € + obbligo di riscatto a 3,5 M €
Celia Raffaele	Dif	Spal	cessione gratuita
Erlic Martin	Dif	Spezia	prestito gratuito secco
Ghion Andrea	Cen	Perugia	prestito gratuito secco
Haraslin Lukas	Cen	Sparta Praha	definitivo 1,5 M € + 0,3 M € bonus
Kolaj Aristidi	Att	Alessandria	cessione gratuita

Cessioni

NOME	RUOLO	A	FORMULA
Locatelli Manuel	Cen	Juventus	prestito biennale gratuito + obbligo di riscatto a 25 M € + 12,5 M € bonus
Manzari Giacomo	Att	Frosinone	prestito gratuito secco
Marchizza Riccardo	Dif	Empoli	prestito gratuito secco
Marlon	Dif	Shakhtar Donetsk	definitivo 12 M €
Mazzitelli Luca	Cen	Monza	definitivo 0,5 M €
Meroni Andrea	Dif	Cremonese	prestito gratuito secco
Oddei Brian	Att	Crotone	prestito gratuito secco
Odgaard Jens	Att	RKC Waalwijk	prestito gratuito secco
Pellegrini Jacopo	Att	Pordenone	prestito gratuito secco
Pinato Marco	Dif	Pordenone	prestito gratuito secco
Ravanelli Luca	Dif	Cremonese	cessione gratuita
Ricci Federico	Att	Reggina	cessione gratuita
Ruan	Dif	Grêmio	prestito gratuito secco
Russo Alessandro	Por	Alessandria	prestito gratuito secco
Sala Marco	Dif	Crotone	prestito gratuito secco
Turati Stefano	Por	Reggina	prestito gratuito secco

Acquisti

NOME	RUOLO	DA	FORMULA
Agudelo Kevin	Cen	Genoa	prestito 0,1 M € + diritto di riscatto a 2,5 M €
Amian Kelvin	Dif	Tolosa	definitivo 3,250 M €
Antiste Janis	Att	Tolosa	definitivo 4,6 M €
Bourabia Mehdi	Cen	Sassuolo	prestito gratuito + obbligo di riscatto a 2 M €
Colley Ebrima	Att	Atalanta	prestito 0,6 M € + diritto di riscatto a 10 M €
Egill Ellertsson Mikael	Att	Spal	definitivo 1 M €
Erlic Martin	Dif	Sassuolo	prestito gratuito secco
Holm Emil	Dif	SonderjyskE	definitivo 0,3 M €
Hristov Petko	Dif	Fiorentina	acquisto gratuito
Kiwior Jakub	Dif	Zilina	definitivo 2,2 M €
Kornvig Emil	Cen	Lyngby	definitivo 1 M €
Kovalenko Viktor	Cen	Atalanta	prestito gratuito secco
Manaj Rey	Att	Barcellona	prestito 0,3 M € + diritto di riscatto a 2,7 M €
Mraz Samuel	Att	Empoli	definitivo 1,5 M €
N'Gbesso Henoc	Att	Milan	acquisto gratuito
Nguiamba Aurelien	Cen	Nancy	svincolato
Nikolaou Dimitrios	Dif	Empoli	definitivo 3 M €

Acquisti

NOME	RUOLO	DA	FORMULA
Podgoreanu Suf	Att	Roma	definitivo 0,3 M € + 20% futura rivendita
Reca Arkadiusz	Dif	Atalanta	prestito 1 M € + obbligo di riscatto a 2 M €
Salcedo Eddie	Att	Inter	prestito gratuito secco
Sanca Leandro	Att	Sporting Braga	definitivo 0,5 M €
Sena Léo	Cen	Atlético Mineiro	definitivo 1,5 M €
Sher Aimar	Cen	Hammarby	definitivo 1,2 M €
Stijepovic Ognjen	Att	Sampdoria	svincolato
Strelec David	Att	Slovan Bratislava	definitivo 1,8 M €
Styrmisson Birgir Steinn	Dif	KR Reykjavik	definitivo 0,150 M €
Zovko Petar	Por	Sampdoria	svincolato

Cessioni

NOME	RUOLO	A	FORMULA
Acampora Gennaro	Cen	Benevento	svincolato
Capradossi Elio	Dif	Spal	prestito gratuito + opzione di riscatto a 3 M €
Egill Ellertsson Mikael	Att	Spal	prestito gratuito secco
Erlic Martin	Dif	Sassuolo	definitivo 3 M €
Galabinov Andrej	Att	Reggina	svincolato
Gudjohnsen Eidur	Att	IF Elfsborg	cessione gratuita
Ismajli Ardian	Dif	Empoli	definitivo 2 M €
Kornvig Emil	Cen	SonderjyskE	prestito gratuito secco
Krapikas Titas	Por	Ternana	svincolato
Mraz Samuel	Att	Slovan Bratislava	prestito gratuito + opzione di riscatto a 0,4 M €
Ramos Juan	Cen	Peñarol	cessione gratuita
Ricci Matteo	Cen	Frosinone	svincolato
Vignali Luca	Cen	Como	prestito gratuito secco

TORINO

Acquisti

NOME	RUOLO	DA	FORMULA
Baeten Thibo	Att	NEC Nijmegen	prestito gratuito secco
Berisha Etrit	Por	Spal	svincolato
Brekalo Josip	Att	Wolfsburg	prestito 0,5 M € + diritto di riscatto a 10 M €
Garbett Matthew	Att	Falkenberg	acquisto gratuito + 15% futura rivendita
Pjaca Marko	Att	Juventus	prestito gratuito + diritto di riscatto a 7 M €
Pobega Tommaso	Cen	Milan	prestito gratuito secco
Praet Dennis	Cen	Leicester City	prestito gratuito + diritto di riscatto a 13 M €
Rosa Alessio	Att	Atalanta	prestito gratuito + diritto di riscatto a 1 M € + controriscatto a 0,2 M €
Stênio Zanetti Toledo	Att	Cruzeiro	prestito gratuito + obbligo di riscatto a 3 M €
Stojkovic Dennis	Att	Partizan Belgrado	svincolato
Warming Magnus	Att	Lyngby	definitivo 0,9 M €
Zima David	Dif	Slavia Praha	definitivo 5,5 M €

TORINO

Cessioni

NOME	RUOLO	A	FORMULA
Boye Lucas	Att	Elche	definitivo 2,6 M €
Damascan Vitalie	Att	Sepsi	svincolato
Falqué Iago	Cen		svincolato
Freddi Greco Jean	Cen	Pordenone	cessione gratuita
Lyanco	Dif	Southampton	definitivo 7,5 M € + 1 M € bonus
Meïté Soualiho	Cen	Benfica	definitivo 6 M € + 1 M € bonus
Millico Vincenzo	Att	Cosenza	prestito gratuito secco
Nkoulou Nicolas	Dif	Watford	svincolato
Onisa Mihael	Cen	Pordenone	cessione gratuita
Segre Jacopo	Cen	Perugia	prestito gratuito + diritto di riscatto a 1,5 M €
Sirigu Salvatore	Por	Genoa	svincolato
Ujkani Samir	Por	Empoli	svincolato

Acquisti

NOME	RUOLO	DA	FORMULA
Beto	Att	Portimonense	prestito gratuito + obbligo di riscatto a 7 M €
Padelli Daniele	Por	Inter	svincolato
Perez Nehuen	Dif	Atlético Madrid	prestito gratuito secco
Samardzic Lazar	Att	Leipzig	definitivo 3 M €
Silvestri Marco	Por	Hellas Verona	definitivo 2,5 M €
Soppy Brandon	Dif	Stade Rennais	definitivo 2,5 M €
Success Isaac	Att	Watford	definitivo 3 M €
Udogie Destiny	Dif	Hellas Verona	prestito gratuito + obbligo di riscatto a 3 M €

Cessioni

NOME	RUOLO	A	FORMULA
Bajic Riad	Att	Brescia	prestito gratuito + diritto di riscatto a 2 M €
Coulibaly Mamadou	Cen	Salernitana	prestito gratuito + obbligo di riscatto a 1,8 M €
Cristo Gonzalez	Att	Real Valladolid	prestito gratuito + diritto di riscatto a 2 M €
De Paul Rodrigo	Att	Atlético Madrid	prestito gratuito + obbligo di riscatto a 38 M €
Ingelsson Svante	Cen	Hansa Rostock	cessione gratuita
Llorente Fernando	Att		svincolato
Matos	Cen	Perugia	cessione gratuita
Musso Juan	Por	Atalanta	definitivo 20 M €
Prödl Sebastian	Dif		svincolato
Scuffet Simone	Por	Apoel Nicosia	cessione gratuita + 40% futura rivendita
Vizeu Felipe	Att	Yokohama	prestito gratuito secco

Acquisti

NOME	RUOLO	DA	FORMULA
Ampadu Ethan	Dif	Chelsea	prestito gratuito secco
Bah Issa	Att	Progrès Niedercorn	prestito gratuito secco
Busio Gianluca	Cen	Kansas City	definitivo 4,5 M €
Caldara Mattia	Dif	Milan	prestito gratuito secco
De Vries Jack	Cen	Philadelphia Union	prestito gratuito secco
Ebuehi Tyronne	Dif	Benfica	prestito gratuito + diritto di riscatto a 1,6 M € obbligatorio in caso di A
Haps Ridgeciano	Dif	Feyenoord Rotterdam	definitivo 0,750 M €
Henry Thomas	Att	OH Leuven	definitivo 5 M €
Heymans Daan	Cen	Waasland-Beveren	svincolato
Kiyine Sofian	Cen	Lazio	prestito 0,4 M € + diritto di riscatto a 2,8 M € obbligatorio in caso di A
Neri Filippo	Por	Livorno	svincolato
Okereke David	Att	Club Brugge	prestito gratuito + diritto di riscatto a 10 M €
Pecile Damiano	Cen	Vancouver Whitecaps	prestito gratuito secco
Peretz Dor	Cen	Maccabi Tel Aviv	svincolato
Romero Sergio	Por	Manchester United	svincolato

NOME	RUOLO	DA	FORMULA
Schnegg David	Dif	LASK Linz	definitivo 0,180 M €
Sigurdsson Arnór	Cen	CSKA Moscow	prestito gratuito secco
Tessmann Tanner	Cen	Dallas	definitivo 3 M €

Cessioni

NOME	RUOLO	A	FORMULA
Cremonesi Michele	Dif		svincolato
Di Mariano Francesco	Att	Lecce	definitivo 0,4 M € + 25% futura rivendita
Felicioli Gian Filippo	Cen	Ascoli	prestito gratuito secco
Hasanbegovic Mirza	Att	Gorica	prestito gratuito secco
Maleh Youssef	Cen	Fiorentina	definitivo 0,3 M €
Pimenta Alexandre	Att	Leixões	cessione gratuita
Pomini Alberto	Por	Spal	svincolato
Taugourdeau Anthony	Cen	Vicenza	cessione gratuita

Saranno famosi?

È sempre calciomercato, lo dico in continuazione ma è la verità. Oggi le trattative durano tutto l'anno, iniziano fuori dalle cornici ufficiali e non finiscono (mai) più. Due settimane al massimo di vacanze a settembre e poi è subito caccia allo svincolato per accontentare l'allenatore dopo una sconfitta.

Nel frattempo si programma il colpo che verrà: lo scouting, sempre più digitalizzato, prepara i dati e le liste, filtrando i vari profili grazie al metodo analitico, una sorta di cervellone elettronico. Mixato poi con l'occhio di chi se ne intende davvero e visiona i giocatori dal vivo. Lunga vita ai talent scout, spesso scavalcati per comprare giocatori mai seguiti. Oroscopo: quali saranno i nuovi affari e i giovani protagonisti del 2022? Grazie al prezioso contributo di Pierfrancesco Strano, adesso al Siena, abbiamo preparato questo viaggio nel futuro. Carta, penna e calamaio: meno percentuali da pc e più pareri da fiuto, come le relazioni che si facevano una volta. Comprese le possibili previsioni per una maglia in serie A. L'ardua sentenza al prossimo almanacco.

NOME: **Adam Hlozek**

DATA DI NASCITA: 25 luglio 2002

ETÀ: 19

NAZIONALITÀ: Repubblica Ceca

SQUADRA: Sparta Praga

RUOLO: Attaccante esterno sinistro, punta centrale

Ottima struttura fisica, alto 186 cm. Calciatore dotato di buonissima agilità e forza nelle gambe. Grazie alla sua coordinazione, risulta elegante nei movimenti e nell'esecuzione del gesto tecnico. È veloce, soprattutto in progressione e può essere pericoloso nel gioco aereo, anche se deve ancora completare lo sviluppo fisico-muscolare. Destro naturale, deve migliorare con il sinistro, che usa di rado. Molto bravo nel giocare spalle alla porta e nel proteggere palla, mentre quando è fronte alla porta ha una naturale conduzione di palla e dribbling. Calciatore che può agire sia come attaccante esterno sinistro sia come seconda punta. Spesso parte largo per poi accentrarsi e tagliare il campo sul suo piede forte, così da essere pericoloso nella finalizzazione e negli assist. Giocatore estremamente mobile, partecipa molto alla costruzione della manovra sempre in maniera attiva e mai passiva, aiutando anche in fase difensiva. Nonostante la giovane età, sembra non soffrire la pressione e affronta le sfide con leggerezza e sicurezza.

LoVedoBene

ATALANTA: come seconda punta poiché nel modulo e soprattutto nel modo di giocare di Gasperini le sue qualità maggiori potrebbero essere esaltate.

★★★★

NOME: **Benjamin Sesko**

DATA DI NASCITA: 31 MAGGIO 2003

ETÀ: 18

NAZIONALITÀ: Slovenia

SQUADRA: Salisburgo

RUOLO: Punta centrale

La sua caratteristica principale è il fisico: longilineo, baricentro alto, 195 cm che gli permettono di reggere bene i duelli e proteggere il pallone quando è spalle alla porta. Nonostante la stazza ha una buona agilità e velocità tali da essere pericoloso in campo aperto, soprattutto in progressione, mentre deve migliorare la rapidità di esecuzione, in particolare nel breve. Dotato di buona tecnica di base, destro naturale, può perfezionare l'uso del piede debole. Molto abile nel gioco aereo e nel gioco di sponda. Buone capacità balistiche da affinare ulteriormente. Calciatore che riesce a fare reparto da solo, aiuta molto la squadra venendo spesso incontro ai centrocampisti e risultando prezioso per farla salire. Ha uno spiccato senso del gol e riesce a smarcarsi bene in area di rigore. Sa aprire la manovra scaricando sugli esterni, attaccando poi la porta con pericolosità. Prevalentemente si muove nella parte centrale del campo e non viene mai nelle corsie laterali. Ha forza muscolare e grande personalità: i margini di miglioramento sono notevoli.

LoVedoBene

FIORENTINA: sarebbe il perfetto vice Vlahovic nel reparto offensivo.

★★★

potenziale ★★★★

NOME: **Khvicha Kvaratskhelia**

DATA DI NASCITA: 12 febbraio 2001

ETÀ: 20

NAZIONALITÀ: Georgia

SQUADRA: Rubin Kazan

RUOLO: Attaccante esterno sinistro

Longilineo, alto 183 cm, piede naturale destro ma si dimostra molto abile anche con il sinistro. Buona forza fisica (regge bene i contrasti), esplosivo nelle gambe. Dotato di un'ottima accelerazione e cambio passo, denota anche un'invidiabile resistenza. Tecnicamente molto valido, sa dribblare bene sia in campo aperto sia nello stretto con entrambi i piedi, risultando imprevedibile nella scelta di andare in ogni direzione. Devastante quando ha spazio da attaccare. Predilige giocare esterno sinistro per sfruttare il piede forte rientrando verso l'interno del campo, ma ha le capacità per giocare anche sull'altro fronte. Bravo nell'andare a chiudere sul secondo palo le azioni che si sviluppano sul lato opposto. Può giocare da attaccante esterno sinistro o destro sia nel 4-3-3 che nel 4-2-3-1. Buone doti balistiche, tira abilmente con entrambi i piedi (meglio con il destro) e si distingue per gli assist. Deve migliorare nella fase difensiva e nella continuità durante la partita. Calciatore di qualità, che ha estro e fantasia.

LoVedoBene

Napoli: ragazzo che caratterialmente non soffre le pressioni, ha colpi che possono infiammare il pubblico. Sa esaltarsi nelle grandi partite.

★★★★

NOME: **Luka Sucic**

DATA DI NASCITA: 8 settembre 2002

ETÀ: 19

NAZIONALITÀ: Croazia

SQUADRA: Red Bull Salisburgo

RUOLO: Centrocampista

Ottima struttura, alto 185-186 cm. Già impostato muscolarmente, con una grande fisicità. Ha buonissime doti atletiche nonostante la stazza, facilità di corsa e allungo anche senza cambio di passo. Tecnicamente valido, destro naturale. Estremamente coordinato, risulta elegante nelle giocate e preciso nell'esecuzione del gesto tecnico. Ottima qualità di passaggi sia sul corto che sul lungo; ha una naturale visione di gioco e riesce a verticalizzare in maniera pericolosa. Discreto nel dribbling e negli spazi stretti nonostante le leve lunghe (favorito dalla bravura nel primo controllo). È pericoloso nelle conclusioni dalla distanza. Abile nel gioco aereo, risulta molto insidioso in area di rigore avversaria. Tatticamente può agire sia come mezz'ala sia come trequartista d'inserimento, ma a mio parere il suo ruolo migliore è quello di mezz'ala offensiva. Predilige la fase di costruzione seguita poi nello sviluppo dell'attacco dell'area di rigore in chiusura di manovra. Ragazzo di personalità che non ha paura di prendere e giocare il pallone e riesce sempre a smarcarsi per dare una linea di passaggio pulita al compagno.

LoVedoBene

LAZIO: ha le stesse caratteristiche di Milinkovic Savic e potrebbe esserne in futuro il naturale successore.

★★★

potenziale ★★★★

NOME: **Charles De Ketelaere**

DATA DI NASCITA: 10 marzo 2001

ETÀ: 20

NAZIONALITÀ: Belgio

SQUADRA: Club Bruges

RUOLO: Centrocampista

Ottima struttura fisica, longilineo, alto 185-186 cm. Non ha una grande velocità soprattutto nel breve, ma ha comunque un buon passo e un'elevata resistenza. Eccellente tecnica individuale, mancino naturale che non disdegna l'uso del piede debole. Abile a proteggere la sfera con il primo controllo, illuminante nei passaggi, soprattutto grazie ai tempi della giocata. Molto bravo negli inserimenti in fase offensiva, in molte occasioni lo si trova in area avversaria per concludere l'azione. Intelligente tatticamente, riesce a smarcarsi bene per creare soluzioni al portatore di palla e a occupare gli spazi in avanti. In fase difensiva lavora molto, denotando anche ottime capacità aerobiche e spirito di sacrificio. Dotato di buone capacità balistiche, è in possesso di un gran tiro, deve però migliorare la velocità di esecuzione. Inoltre ha una discreta conduzione di palla ed è abile nello stretto. Calciatore duttile che può ricoprire sia il ruolo di mezz'ala sia il ruolo di trequarti. Nonostante la giovane età, ha già esperienza di prima squadra. Grande personalità e sicurezza nei propri mezzi, ricerca con continuità giocate di grado medio-alto di difficoltà e spesso si prende la responsabilità di andare al tiro.

LoVedoBene

FIORENTINA: la mezz'ala offensiva ideale per Italiano, il nuovo allenatore viola che ama valorizzare i giovani e apprezza i centrocampisti di palleggio. Su misura.

★★★★

NOME: **Mychajlo Mudryk**

DATA DI NASCITA: 5 gennaio 2001

ETÀ: 20

NAZIONALITÀ: Ucraina

SQUADRA: Shakhtar Donetsk

RUOLO: Attaccante esterno sinistro

Fisicamente brevilineo, alto 175 cm, baricentro basso. Dimostra di avere forza esplosiva nelle gambe che gli consente una buonissima velocità di base e soprattutto una grande accelerazione. Rapido nell'esecuzione del gesto tecnico, abile nel breve e negli spazi stretti, bravo nelle sterzate e nei cambi di direzione in corsa. Deve necessariamente rinforzare la parte superiore del corpo per reggere i contrasti fisici. Usa discretamente il piede debole e può ancora migliorare. Tecnicamente ottimo, eccellente conduzione di palla, un repertorio di dribbling e accelerazioni palla al piede. Buonissime capacità balistiche, tira punizioni e rigori; deve perfezionarsi in fase di realizzazione. Il ruolo principale è quello di attaccante esterno sinistro a piede invertito, in modo appunto da rientrare dentro il campo con il piede forte. Calciatore imprevedibile e creativo, dallo stile di gioco estremamente dinamico fatto di continue accelerazioni e ricerca dell'uno contro uno. Ha il grande pregio di creare superiorità numerica in fase offensiva e un'ottima capacità di saltare l'uomo. Dotato di una buona personalità che gli consente di tentare la giocata più difficile anche in frangenti caldi della partita.

LOVEDOBENE

LAZIO: esterno d'attacco perfetto per il 4/3/3. Calciatore di qualità e inventiva che riesce a essere decisivo con le sue giocate negli ultimi sedici metri.

★★★

potenziale ★★★★

NOME: **Thiago Almada**

DATA DI NASCITA: 26 aprile 2001

ETÀ: 20

NAZIONALITÀ: Argentina

SQUADRA: Vélez

RUOLO: Trequartista

Normolineo, alto 171 cm con grande struttura fisica. Ha una notevole velocità di base e con la palla al piede sa condurre e accelerare. Nei primi metri vanta un'eccellente rapidità, ottimo dribbling e riesce a creare superiorità numerica. Dotato di elevata coordinazione, eleganza nei movimenti, grande tecnica individuale: è un destro naturale. Molto bravo nel giocare la palla negli spazi stretti, ha un'ottima sterzata ed è imprevedibile nelle giocate. La sua qualità migliore sta nello smarcamento continuo sulla trequarti, è mobile e dinamico, difficilmente marcabile. È un calciatore che ha anche una notevole visione di gioco, discrete capacità balistiche, un lancio lungo preciso e una buona conclusione a rete. Al momento il suo ruolo naturale credo sia quello di trequartista, ma è stato impiegato anche come esterno d'attacco sia sulla fascia destra sia su quella mancina. In fase difensiva si impegna e lavora sotto la linea del pallone denotando capacità atletiche e aerobiche oltre a spirito di sacrificio. Calciatore che ha personalità, nonostante la giovane età vuole sempre gestire il pallone e non ha paura di prendersi responsabilità.

LoVedoBene

INTER: non sente pressioni, scaltro, giocatore completo. Piazza dove giocatori argentini hanno sempre fatto bene.

★★★★★

NOME: **Andreas Schjelderup**

DATA DI NASCITA: 1 giugno 2004

ETÀ: 17

NAZIONALITÀ: Norvegia

SQUADRA: Nordsjaelland

RUOLO: Centrocampista offensivo

Centrocampista con discreta forza fisica, alto 176-177 cm, che per questioni anagrafiche dovrà sviluppare la parte muscolare. Ottime capacità aerobiche, ha cambio di passo, reattività e rapidità soprattutto nel breve. Estremamente dinamico e coordinato, risulta elegante nelle movenze. Ha enormi qualità tecniche, il suo piede preferito è il destro ma usa con grande dimestichezza anche il mancino. Ottima conduzione di palla, dribbling e cambio di direzione. Dispone di notevoli capacità balistiche con entrambi i piedi così da essere pericoloso anche con tiri dalla media distanza. Tra i suoi pregi l'intelligenza tattica e la visione di gioco; abile nelle assistenze, risulta decisivo negli ultimi sedici metri sia con i gol sia, appunto, con gli assist. Duttile tatticamente date le qualità tecniche e cognitive, può agire sia come mezz'ala offensiva sia da trequartista, oltre a poter essere impiegato sulla fascia sinistra come esterno offensivo. Ragazzo che stupisce per atteggiamento in campo e maturità.

LoVedoBene

ATALANTA: il classico giocatore amato da Gasperini.

★★★½

potenziale ★★★★★

NOME: **Pedro de La Vega**

DATA DI NASCITA: 7 febbraio 2001

ETÀ: 20

NAZIONALITÀ: Argentina

SQUADRA: Lanús

RUOLO: Attaccante esterno

Ottima struttura fisica, normolineo, alto 172 cm. Più che buona muscolatura sia nella parte superiore sia nella parte inferiore del corpo. La sua forza lo aiuta a spingere bene nella corsa già dai primi metri, con un'accelerazione sviluppata. Tecnicamente valido, piede destro dominante, deve perfezionare l'uso del sinistro. Discrete capacità balistiche, può migliorare nelle conclusioni a rete, mentre ha efficaci qualità nel cross. Ottimo primo controllo e conduzione di palla in progressione. Ha visione del gioco e soprattutto tempi giusti per renderlo efficace. Da attaccante esterno può agire su entrambe le fasce. In fase di possesso tende a rimanere largo per ricevere, ha diverse soluzioni e buone conoscenze tattiche. Punta spesso l'avversario, cerca di entrare dentro il campo per andare sul piede forte quando viene impiegato sulla fascia sinistra. In fase di non possesso dimostra di avere buona capacità di sacrificio e partecipazione attiva rientrando talvolta ad aiutare il compagno di catena nei raddoppi.

LoVedoBene

SASSUOLO: perché è un club che sa valorizzare i giovani e potrebbe essere il sostituto naturale di Boga. Ha bisogno di uno step intermedio prima della grande ribalta.

★★★

potenziale ★★★★

NOME: **Angelo Gabriel**

DATA DI NASCITA: 21 dicembre 2004

ETÀ: 17

NAZIONALITÀ: Brasile

SQUADRA: Santos

RUOLO: Ala destra

Buona forza esplosiva nelle gambe, elasticità e mobilità articolare, ancora non definito a livello muscolare, agile, rapido e veloce (grazie ai suoi 173 cm), sia nel breve che in progressione. Ottime doti tecniche nel controllo e nella conduzione. Mancino naturale che deve migliorare il piede debole, ubriacante con il dribbling nello stretto, è abile nell'uno contro uno e nell'attacco della profondità, soprattutto con la palla al piede. I suoi smarcamenti all'interno del campo sono molto efficaci, spicca per le accelerazioni e ama il gioco a piedi invertiti per tagliare dentro e cercare rifinitura o tiro, con buona precisione. Nella fascia opposta guadagna con facilità il fondo del campo per crossare con discreta pericolosità. Ha personalità e dimostra sicurezza dei propri mezzi, ma a volte diventa troppo individualista. Fa della tecnica, della velocità e del dribbling i suoi punti di forza, sa ribaltare le azioni con transizioni positive.

LoVedoBene

Napoli: ideale per il 4-2-3-1 di Spalletti.

★★★

potenziale ★★★★½

NOME: **Nicolas Siri**

DATA DI NASCITA: 17 aprile 2004

ETÀ: 17

NAZIONALITÀ: Uruguay

SQUADRA: Montevideo City Torque

RUOLO: Punta centrale

Normolineo, circa 180 cm, ottima struttura, piede destro naturale, buona forza muscolare nelle gambe, corporatura robusta, con margine di crescita. Unisce la mobilità articolare con un'adeguata elasticità, è coordinato nei movimenti e può contare su una discreta velocità in allungo, con appoggi corretti. Evidenzia una non eccelsa tecnica di base con il controllo orientato, conduce palla in modo composto e deciso, ha un ottimo utilizzo del corpo, buon dribbling di forza più che di tecnica e può contare su un'efficace capacità di calcio, quasi sempre preciso. Attaccante moderno, abile nel gioco di sponde sia aereo che in palleggio e nelle aperture laterali, partecipa alla manovra in modo continuo, attacca la porta con la giusta determinazione e caparbietà, prediligendo la zona centrale dell'attacco per poter usufruire dei movimenti in taglio o in apertura alle spalle degli avversari. Calciatore con un ottimo senso del gol, che spicca per doti aeree grazie alle evidenti doti fisiche: gli allenatori lo apprezzano perché generoso e partecipativo in fase di non possesso.

LoVedoBene

MILAN: poiché investono molto sui giovani e in prospettiva può essere un calciatore da prima fascia di club europei.

★★½

potenziale ★★★★½

NOME: **Gabriel Veron**

DATA DI NASCITA: 3 settembre 2002

ETÀ: 19

NAZIONALITÀ: Brasile

SQUADRA: Palmeiras

RUOLO: Ala destra e sinistra

Brevilineo, alto 174 cm, dotato di una buona struttura fisica, ma che potrà sicuramente rinforzare sotto il punto di vista muscolare. Ha grande agilità e forza esplosiva nelle gambe con una bruciante accelerazione sia nel breve sia nell'allungo. Ottima velocità di base senza palla e in conduzione. È un giocatore che dimostra di avere grande tecnica di base, destro dominante, ma usa in maniera egregia anche il piede debole. Ottimo dribbling nello stretto e in campo aperto; quando ha spazio da attaccare, risulta devastante. Buone capacità balistiche, con un tiro insidioso anche dalla media-lunga distanza. Ha un fantastico primo controllo che gli consente spesso di anticipare la giocata e una delle sue specialità è la conduzione della palla. Stile estremamente frizzante e dinamico composto da continui strappi e cambi di ritmo. È davvero imprevedibile, seppur alle volte troppo precipitoso nelle scelte. Principalmente agisce come ala sinistra a piede invertito, ma può essere altrettanto valido anche sulla corsia opposta.

LoVedoBene

JUVE: ricorda un po' Douglas Costa, ha qualità importanti ma si sa anche adattare. Le sue caratteristiche tecniche sono da top club.

★★★★

potenziale ★★★★★

Finito di stampare nel mese di ottobre 2021
per conto di RCS MediaGroup S.p.A.,
da Grafica Veneta S.p.A., via Malcanton 2, Trebaseleghe (Padova)
Printed in Italy